KB160836

상징천황제와 황위 계승

상징천황제와 황위 계승

가사하라 히데히코 지음, 유지아 옮김

필자는 2001년에 미국 스탠포드 대학에서 유학하던 중, 강연을 위해 캘리포니아대학 샌디에고 캠퍼스를 방문한 적이 있다. 그곳에서 저명한 T. 후지타니 선생님을 만나 인연을 맺게 되었다. 그 인연으로 이러한 보고회를 열게 되어, 후지타니 선생님께 감사의 말을 전한다.

후지타니 선생은 일본 잡지 『世界(세계)』에 「새로운 사료 발견 – 라이샤워(Edwin O. Reischauer) 전 미국대사관의 괴뢰천황제구상」이라는 흥미로운 논문을 게재했다. 이 논문에서는 저명한 역사학자이면서 동시에 주일미국대사를 역임한 라이샤워 교수가 1947년 9월 시점에 이미 육군성 관계자들에게 천황제의 존속을 제언한 것이 명백하다고 밝히고 있다(『世界(세계)』, 2000년 3월호). 라이샤워가 천황제를 정치적으로 이용하여 패전 후 일본의 협력을 이끌어 내고자 할 의향이 있었던 것은 분명한 사실이다.

가토 데쓰로(加藤哲郎)는 2004년 워싱턴 D.C.에 있는 국제도서관에서 CIA의 전신인 미국정보국(OSS) 기밀문서를 발견한다. 이것은 '일본계획(Japan Plan)'이라고 불리는 것으로, 이미 1947년 6월부터 상징천황제라고 제기된 바 있다. 이에 가토 테즈로는 라이샤워의 제언에 이 기밀문서가 반영되었다는 견해를 밝히고 있다(加藤哲郎, 『象徵天皇制の起源』). 어찌되었든 상징천황제에 관한 구상은 미·일전쟁(美日戰爭)이 끝난 직후 미국 내에서 검토되고 있었던 것이다.

후지타니의 논문은 이후 미·일 일선 학자들의 연구에 의거하면서 새로운 사료를 통해 더욱 논의를 보강한다. 새롭게 발표된 사료 중에서 가토가 주목한 것은 육군정보부심리전쟁과장(陸軍情報部心理戰爭課長) 솔버트(Oscar N. Solbert)가 기안하고, 미국심리전공동위원회(美國心理戰委員會)에서 심의한 기밀문서이다. 이 문서에서는 상징천황제를 정면으로 다룬다.

미국공문서관에 잠들어있던 기밀문서에 의하면, 메이지 천황(明治天皇)은 입헌군주로 보고 있으며, 쇼와 천황(昭和天皇)은 전쟁에 반대하며 평화를 희구(希求)한 것처럼 되어 있다(加藤, 앞의 책). 미국의 심리전략의 전제로써 쇼와 천황의 전쟁 책임이 무시되고 있었던 것은 아니다. 천황과 천황제는 분리되어, 천황제의 상징적인 측면이 보다 강조된다. '평화의 상징인 천황'의 적극적인 이용이 고안된 결과이다.

미국 지일파(知日家)의 견해는 정확했다. 쇼와 천황의 옥음방송(玉音放送)에 의해 일본의 군사행동은 완전히 중단된다. 이 사실은 이후 천황이 맥아더(Douglas MacArther)와의 회담에서 발언하여 미국을 놀라게 한다. 이라크 전후처리에서 일관되지 못한 부시 정권을 보고 있노라면 일본에서 천황제가 얼마나 중요한 것이었는가를 뼈저리게 알 수 있다.

상징천황제의 기원에 관한 선행연구는 미국·영국·일본에서 각각 이루어졌다. 미국에서는 우수한 외교관이자 주일대사(駐日大使) 경험이 있는 그루(Joseph C. Grew)와 맥아더 원수의 군사비서관이었던 펠러스(Bonner F. Fellers)에 초점을 두었다. 그루의 영향을 받은 비숍 국무성 극동과장은 '일본 국민통합의 상징'이라는 표현을 사용했다. 패전 직후 펠러스가 맥아더에게 천황에 관한 생각을 전했을 때 일본의 질서유지를 위한 '상징적 원수'라는 점을 강조했고, 이를 통해 천황의 존재를 불가결한 것으로 만들었다.

맥아더 초안을 기초할 즈음에 맥아더는 이른바 맥아더 노트(MacArther Note)를 제시하며 일본의 정체(政體)를 입헌군주제라 보고, 천황의 번병(藩屛)인 화족제도 폐지를 목표로 삼았다. GHQ(General HeadQuarter, 연합국최고사령부)는 황족체계에도 일련의 조치를 단행하여, 천황의 직계혈족(直宮)인 지치부노미야(秩父宮), 다카마쓰노미야(高松宮), 미카사노미야(三笠宮) 등 각각 다이쇼천황의 제2, 제3, 제4황자를 제외한 나머지 11개 궁가(宮家)의 51명을 천황가의 적에서 제외했다.

전후(戰後)에 만들어진 황실전범(皇室典範)은 기본적으로 전전(戰前)의 구(舊)황실전범을 답습하여 황위 계승자의 자격을 '남계(男系)의 남자'로 한정했다. 측실 제도 또한 폐지되면서 황위 계승은 더욱 어려워졌다. 소련이 붕괴한 이후 구소련 시대의 비밀 문서가 공개되자 헌법 제1조(천황은 일본국의 상징이며, 일본국민 통합의 상 징으로 그 지위는 주권이 있는 일본국민의 총의에 기반한다)가 미국과 소련 즉, 코민테른의 합작이라고 보는 견해까지 등장했다. 필자는 코민 테른의 공작 성과라는 후자의 의견에는 회의적이다.

GHQ는 일본을 평화적이고 민주적인 국가로 개조하기 위해 일단 천황제를 유지하여 점령 통치 도구로 이용했다. 공화제로 의 이행이 언젠가는 이루어질 것이라는 점을 염두에 두고, 맥아 더는 주도면밀하게 '황통 단절이라는 시한폭탄'을 설치한 것이 다. 유감스럽게도 일본 측에서는 이 심각한 사실을 초기 단계에 서 알아차린 이가 거의 없었다. 상황후(上皇后)인 미치코(美智子)비 로부터 2명의 친왕이 탄생했기 때문에 정치가나 관료, 국민 모 두가 점령개혁의 뒤에 숨겨진 의도를 간파할 수 없었던 것이다.

패전의 색채가 농후해지자 일본 정부의 수뇌는 전후 천황제 를 존속하기 위해 골머리를 앓았다. '국체 호지(國體護持)'는 일본 의 입장에서 양보할 수 없는 마지노선이었다. 이로 인해 포츠담 선언의 수락이 늦어지면서 '원폭 투하'라는 비참한 결과가 초래 되었다는 사실은 널리 알려져 있다. 쓰다 소우키치(津田左右吉) 같 은 학자들 사이에서도 언론탄압에 굴하지 않고 천황제 유지를 요구하는 목소리가 높았다.

GHQ도 헌법초안을 작성할 때 이러한 일본국민의 의사를 존중했다. 전쟁이 끝난 1945년의 초가을에 시행된 여론조사에서는 천황제를 지지하는 비율이 95%를 차지하는 놀라운 결과가 나왔다(読売新聞). 이러한 상황 역시 헌법 제1조에 반영된 것임에 틀림없다. 이로써 '천황의 지위'는 '주권이 있는 일본국민의 총의에 기반'하게 되었다.

주지하다시피, 상징천황제를 규정한 헌법 제1조와 전쟁 포기를 선언한 제9조가 GHQ와 일본 정부 사이에서 사실상 거래의 대상이 된 것이다. 그렇지만 상징천황제가 신(新)헌법에 의거하면서도 천황제의 독자적인 전통 역시 가지고 있다는 점은 인정하지 않을 수 없다(坂本多加雄, 『象徴天皇制度と日本の来歴』).

많은 역사학자나 정치학자도 상징천황제가 일본의 전통에 어울린다고 생각한다(今谷明, 『象徴天皇の発見』). 역사적으로 덴무 천황(天武天皇)이나 고다이고 천황(後醍醐天皇) 등은 예외지만, 대부분의 천황은 실질적인 정치권력을 행사하지 않은, 즉 부집정(不執政)의 시대가 길었다(졸저, 『天皇親政』).

이러한 시대의 흐름 속에서 메이지 헌법(明治憲法) 체제는 특이한 제도로 평가 받는다. 메이지 중엽부터 쇼와전전기(昭和戦前期, 1926~1945)까지 천황은 '통치권의 총람자', 또는 대원수로서 국정에 임했다. 그러나 그렇다고 해도 과연 실질적으로 '천황 친정'이라고 부를 수 있는가의 여부를 두고 의견이 갈리고 있다.

천황제의 역사에 입각하여 새롭게 상징천황제의 성립배경이

나 그 의의를 다시 물을 필요가 있다. 과연 GHQ의 점령정책과 이른바 '국체 호지'를 추구하는 일본 정부의 합작으로 상징천황제가 성립되었다는 이해가 타당한 것일까(ジョン·ダワ-, 『敗北を抱きしめて』). 이를 먼저 서론에서 검토해 보고자 한다.

헤이세이 천황은 틀림없이 상징천황이 갖춰야 할 자세를 체현했다. 헤이세이 천황의 업적이나 사고방식을 명확하게 함으로써, 상징천황제의 의의를 재확인 해 보고자 한다. 또한 전후 쇼와 천황이 가졌던 자세와의 차이에도 주목할 필요가 있다. 전쟁이 끝나고 얼마 지나지 않은 때에 쇼와 천황은 내주(內奏)를 하지 않는 것에 불만을 드러냈다고 한다. 이는 정치제도의 민주화가 혁명적 변혁이었고, 쇼와 천황도 상징천황으로서 살아가야 하는 방식을 배우는 데 시간이 필요했음을 의미한다.

현재 일본 국민의 인식 속에 정착한 상징천황제의 존속을 생각해 본다면, 2005년에 논의된 황위 계승 문제도 시야에 넣을 필요가 있다. 고이즈미(小泉) 내각 하에서 갑작스럽게 부상한 황실전범개정을 둘러싼 움직임을 냉정하게 검증하는 일은 매우 중요하다. 왜냐하면 현행법에서는 천황제의 존속이 매우 곤란하기 때문이다. 유식자 회의(有識者會議)에서의 논의나 그 뒤에 이어서 전개된 황위 계승론을 정리하는 일은 의의가 크다. 중요한 것은 남계(男系)인지 여계(女系)인지가 아니다. 고이즈미 수상의 자문은 '안정적 황위 계승'이었기 때문에 상징천황제 하에서 황위 계승 방식에 대한 논의가 충분히 이루어진 것은 아니었다.

유식자 회의에서 검토되었던 것은 오랜 세월동안 진행되어 온 연구를 기반으로 한 궁내청안(宮內庁案)이었다. 궁내청은 황실의 전통을 중시하면서도 여계 천황을 용인하지 않을 수 없었다. 진무 천황(神武天皇)부터 현재의 천황에 이르는 126대의 황통은 남계에 의해 계승되어 온 것으로 간주된다. 그럼에도 불구하고 궁내청이 여계를 제기할 수밖에 없었던 이유는 현행 헌법과 황실전범으로는 장래에 황통이 단절될 가능성이 심히 높다고 판단했기 때문이다.

황실전범이 규정하는 '남계의 남자'로는 황통의 존속이 위태롭다. 이에 남계를 요구하는 정치가나 연구자는 옛 궁가의 황적복귀(皇籍復歸)나 양자를 들이지 못하게 한 일을 해지(養子解禁)할 것을 제안한다. 그러나 이것은 국민의 이해를 얻어야 한다는 문제에 앞서, 본질적으로 황위 계승 자격자를 확보할 수 있는 공급원 자체가 심히 부족하다는 문제가 있다. 또한 이 제안은 지속적으로 황통의 영원한 존속을 보증하기 어렵다. 히사히토 친왕(悠仁親王)이 탄생한 이후에도 여전히 궁내청 장관이 "문제가 근본적으로 해결된 것은 아니다"라고 회견에서 발언한 이유가 여기에 있다.

일본국 헌법이 시행된 지 벌써 70년 이상의 세월이 흘렀다. 이 제1조에 규정된 상징천황제는 이미 일본국민 사이에 정착된 상태이다. 쇼와 천황을 점령 통치에 이용하고자 했던 맥아더가 이끌던 GHQ의 예상과는 반대로, 상징천황제는 현대일본의 바람직한 제도로서 적극적으로 받아들여지고 있다. 천황의 역사를 되돌보면 본래 천황은 친정을 하지 않는, 이른바 상징적인 존재였다고 해도 과언이 아니다.

그러나 이상적이라고도 할 수 있는 상징천황제는 현재 큰 위기에 직면해 있다. 바로 황통 단절의 위기이다. 황위 계승의 역사를 살펴보면, 메이지시기에 구 황실전범이 제정되기 전까지는 황위 계승을 규정하는 성문법이 존재하지 않았다. 상황의 변화나 권력관계 속에서 황위가 계승되어왔던 것이다(졸저, 『歷代天皇総覧』).

물론 측실제도가 있었기 때문에 서자(非嫡出者)에게도 황위 계승권이 인정되었다. 직계 계승이 정통이라고는 하지만 메이지, 다이쇼(大正) 두 천황의 경우처럼 서자계승이 황통존속에 큰 역할을 한 것도 사실이다. 메이지 이후에도 황실의 번병으로서 화족제도가 존재했기 때문에 황위 계승 자격자의 후보군이 형성될 수 있었다.

그러나 패전 후, GHQ의 점령 통치 아래에서 일부일처제를 모범으로 삼아 측실제도가 폐지되었다. 이로 인해 황위 계승권을 갖는 서자의 존재도 종지부를 찍었다. GHQ는 여기에 재차 타격을 가하기 위해 많은 궁가에게 황적 이탈을 요구했다. 여기에 더하여 황실전범에서는 구 황실전범을 답습하여 황위 계승 자격을 '남계의 남자'로 한정하기에 이른다. 국회에서 상당히 심도 있는 논의가 전개되었으나 정부관계자의 현상 인식과 장래 전망은 매우 안이했다고 밖에 할 수 없다.

현행의 황실전범 아래에서는 헌법 제2조의 '세습(혈연)'을 지키는 것조차도 어렵다. 천황제의 단기적 존속, 장기적 단절을 노린 미국 국무성과 GHQ의 생각은 맥아더에 의해 '황통 단절이라고 하는 시한폭탄'으로 주도면밀하게 준비되었다.

샌프란시스코 강화 직후 일본 정부가 황적 이탈 된 구 황족의 복귀를 추진하지 않은 이유는 천황제의 존속, 쇼와 천황의 면책에 만족하여 다가올 황위 계승의 위기를 조금도 예견할 수 없었기 때문이었다. 현재의 천황에게 두 명의 친왕이 탄생했다는 사실도 결과적으로는 구조적인 결함을 담고 있는 황실전범의 개정을 미루게 된 원인으로 작용한다.

본서에서는 상징천황제의 의의를 역사적인 사실을 확인해나가며 재차 고찰하고자 한다. 동시에 상징천황제 아래에서의 황위 계승 방식을 모색하여 맥아더가 장착한 시한폭탄을 안전하게 제거하는 방법을 정면으로 논의해보고자 한다.

|목 차|

서 론

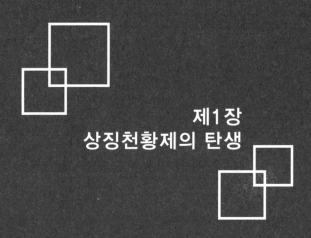

제1장
상징천황제의 탄생

미국 국무성 내의 친일파

상징천황제의 기원을 논의할 때 언급되는 영국의 웨스트민스터 헌장에는, "왕위는 영국연방 구성국가의 자유로운 연합의 상징(...the Crown is the symbol of the free association of the members of the British commonwealth of Nations.)"이라는 표현이 사용된다. 그러나 이 헌장은 독립을 원하는 영국연방 각국에 대한 영국의 식민지배 강화책일 뿐이다. 주지하듯이 일본에는 대만과 조선이라는 식민지가 있었지만, 그 강화책으로 일본의 천황을 '상징'이라고 표현한 적은 없다. 이를 통해 왕실이 없는 미국은 영국의 역사를 참고했을 가능성이 높다는 것을 유추할 수 있다(中村政則, 『戰後史と象徵天皇』).

나카무라의 연구에서 주목되는 내용은 주일 대사 그루의 동향이다. 그루가 주일대사로 일본에 체류했던 때는 마침 군부가 대두하던 시기이다. 일본체류 중에 그루는 일본의 국제연맹탈퇴, 중일전쟁 발발, 그리고 진주만공격 등 중대한 국면에 맞닥뜨렸다. 1932년부터 10년 동안 그루가 남긴 일본 주재 기록으로는 하버드 대학 호튼 라이브러리(Houghton Library)의 문서가 있다.

이 문서의 일부는 『체재 10년(滯在十年)』이라는 제목으로 간행되었다.

그루는 『체재 10년』에서 일본의 최고 수뇌는 평화적이며, 천황은 온건한 평화주의자라고 단정한다. 천황에 대한 이러한 견해는 그루가 접촉했던 궁중의 온건파에게서 얻은 정보에 기반한다(中村, 『象徵天皇制への道』). 온건파 가운데 특히 중요한 인물은 마키노 노부아키(牧野伸顯)이다. 마키노는 일본의 위기를 황실의 존재를 통해 제거할 수 있다고 확신했다.

마키노의 연장선상에는 요시다 시게루(吉田茂)가 있었다. 요시다는 외교관으로 온건파의 일각을 맡았다. 그루 대사는 요시다의 정보를 중요시 여겨 헐(Cordell Hull) 국무장관에게 전달했다. 여기에는 고노에 후미마로(近衛文麿) 등과 같은 정계 요인의 뜻이 포함되어 있었다(ジョン・ダワー, 『吉田茂とその時代』). 요시다도 자서전에서 천황제를 둘러싼 GHQ(General HeadQuarter, 연합국최고사령부)의 방침에 그루가 큰 공헌을 했다고 인정했다(吉田茂, 『回想十年』). 그러나 그루의 대일외교는 시야가 협소하여 온건파의 의견을 과대평가했다는 의견도 있었다. 이 때문에 미 국무성 내에서는 그루가 보고한 정보를 둘러싸고 의견 대립이 발생하기도 했다.

미 국무성 내에서는 천황제 존속론과 천황제 폐지론이라는 대립적인 두 입장에서 논의가 진행됐다. 전자는 대일본점령정책에 천황제를 이용하자는 견해이다. 이 입장에 있었던 그루는 극동국장에서 국무차관으로 승격된 이후 상원외교위원회에서 천황이용론을 설파했다. 또한 그는 천황제를 폐기하는 것이 일본의 존망과 관련되어 있다고 강조했다(中村, 앞의 책).

이오키베 마코토(五百旗頭眞)가 세밀하게 검토한 대로 미 국무성 내에는 지일파(知日派)가 존재하여 초기부터 열성적으로 대일 정책 검토를 진행하고 있었다. 일본사에 정통했던 발렌타인(Joseph W. Ballantine)은 천황의 정치적 효용성을 충분히 이해하고 있었다. 일본의 역사 속에서 통치자는 천황의 정치적 권위에 의존했다는 견해를 바탕으로 미국의 일본 점령 통치 방식을 구상했다. 일본 근세·근대 전문가인 보튼(Hugh Borton)은 메이지 헌법의 결함을 간파했다. 즉, 헌법상 군부는 군사적 사항의 경우 내각의 뜻을 묻지 않고 천황에게 직접 상주한다는 사실을 알고 있었던 것이다(五百旗頭真, 『米国の日本占領政策』).

이와 같은 인식에 따라 전후 일본의 진로를 전망할 때, 실제 정치를 이끌어 가는데 적합한 인재를 확보하는 것이 현안 과제로 떠올랐다. 물론 두 사람이 상정하고 있었던 것은 일본의 온건파였다. 보튼은 수상에 취임했던 자를 중심으로 검토하였기 때문에 적임자가 적었다고 생각했지만, 이오키베는 요나이 미쓰마사(米内光政), 스즈키 간타로(鈴木貫太郎) 등의 해군 출신들을 재평가할 것을 요청했다(이오키베, 앞의 책). 어쨌든 보튼 등이 패전과 점령에 의한 혼란을 전력을 다해 피하고, 일본의 민주화에 필요한 안정과 개혁을 강력하게 요구했다는 사실은 틀림없다.

그렇다 하더라도 미국 국민의 반일 의식이 강한 가운데 미 국무성 내에 이러한 지일파가 존재했다는 것은 일본의 입장에서도 무엇과도 바꿀 수 없는 큰 행운이었다. 물론 미 국무성 내부나 대통령 측근들 사이에서도 천황의 전쟁 책임을 추궁하는 반일파가 있었고, 천황제는 일본의 군국주의와 결부되기 마련이었다. 때문에 천황제유지론을 추진하는 것은 상당히 어려웠다. 만주사변 이후 추진된 일본의 중국 침략을 옹호하기란 쉽지 않았다.

그러나 중국에 대한 일본의 군사행동을 모두 일본의 책임만으로 돌릴 수는 없다. 장제스(蔣介石)가 지휘했던 국민혁명군의 북벌은 산둥(山東)지방의 많은 일본인 거류민을 위협했다. 연약 외교라고 비판받았던 시데하라 외교가 후퇴하고 대신 정권을 잡게 된 다나카 기이치(田中義一)는 곧바로 산둥출병에 나섰다. 시데하라 외교의 폐해가 여전히 남아 있었기 때문에, 영·미와 함께 출병하는 것은 기대할 수 없었다.

결과적으로 일본의 단독 산둥출병은 중국 전역에 반일운동을 야기했다. 1928년 제2차 북벌에 대항하여 일본은 제2차 산둥출병을 감행했다. 중국과 일본의 군사충돌은 지난사건(濟南事件)으로 발전했다. 북벌은 베이징(北京)에 그치지 않고 일본의 생명선이라고도 할 수 있는 만주에도 위험을 미칠 수 있었다. 여기서 관동군에 의한 장쭤린(張作霖) 폭살사건이 발발했다. 우유부단한 일본 정부를 기다리지 못한 군부의 폭주였다.

만주를 지배하던 장쉐량(張學良)이 배일운동(排日運動)을 강력히 추진한 결과, 일본의 만주경영은 점차 궁지에 몰렸다. 재만일본인(在滿日本人)의 피해가 컸지만, 일본 정부는 그저 항의만 반복할 뿐이었다. 1929년 7월, 민정당의 하마구치 오사치(浜口雄幸) 내각이 발족하였으나 시데하라가 다시 외상에 기용되고 말았다.

직무를 방기하고 있는 것처럼 보일 정도로 시데하라의 외교는 '일중우호'(日中友好)를 내걸었을 뿐 어떠한 행동으로도 나타나지 않았다. 이에 현지에서 해외주재 일본인의 피해가 확대되었고, 결국 1931년 6월에 중국 동북의 흥안령(興安嶺) 지방에서 스파이로 여행 중이던 나카무라 신타로 대위가 중국군에게 사살된 '나카무라 대위 학살 사건'이 발생했다. 이 사건도 일중외교(日中外交)를 암초에 걸리게 하여 배일선전만 반복되었다. 인내의 한계에 다다른 재만일본인은 관동군에 강력히 요청하였고, 마침내 만주사변(柳條溝, 류타오거우사건)이 발발한다. 중일전쟁이 총체적으로 일본의 침략전쟁인 것은 틀림없지만 그 원인은 중국과 일본 양쪽에 다 있는 것으로 인정되고 있다.

한편, 점령기를 연구하는 많은 학자들이 주목한 사료 중에는 1944년에 발표된 「일본 - 정치문제 - 천황제」라는 문서가 있다. 이 문서에는 지일파의 천황제 유지론도 포함되어 있다. 일본 국민 대다수가 천황을 숭배하고 있다는 것이 이들의 논거였다. 점령 통치를 신속하게 수행하기 위해서라도 천황의 권위는 상당히 중요하며 천황의 권위 없이는 일본 지배층의 협력 또한 얻을 수 없다는 관측이 나타났던 것이다.

천황제존속론은 미 국무성 안에서도 좀처럼 진척이 보이지 않는다. 그 이유는 쑨원(孫文)의 자녀가 집필한 「천황은 떠나야 한다」로 대표되는 중국의 천황제 비판이 미국에도 전해졌기 때문이다. 아시아의 강력한 반일 캠페인은 천황제가 장래 일본의 군국주의화에 기여할까 염려하는 국무부 관계자를 강하게 자극할 수밖에 없는 것이었다. 반일론이 소용돌이치는 가운데 국무성 내의 지일파는 쇼와 천황 개인의 전쟁 책임을 인정하면서도 전후 일본의 혼란을 고려하여 천황제를 유지할 것을 일관되게 주장했다.

패전을 향한 일본 정부의 대응

1942년 여름 과달카날섬(Guadalcanal) 전투를 기점으로 일본군의 전세가 기울기 시작했다. 이 작전수행에 대한 육군과 해군의 방책은 엇갈리게 되었다. 하와이와 오스트레일리아 침공을 겨냥한 해군과 관동군의 병력 증강을 꾀하는 육군의 통합이 어려웠기 때문에 전쟁 지휘의 혼미함은 가중되었다. 이후 전황이 현저하게 악화되면서 천황의 두터운 신임을 받고 있던 도조 히데키(東條英機)내각도 상당히 흔들렸다. 이전부터 도조의 독주를 경계하고 있던 고노에 후미마로를 비롯한 중신들은 도조의 퇴진을 위해 압력을 행사했다.

반(反) 도조 분위기가 점차 고조되는 가운데 중신들은 기도 고이치(木戸幸一) 내대신(內大臣)과 천황을 설득하여 사태를 가속화시켰다(山田朗·纐纈厚 『遅すぎ聖断』). 반 도조의 입장에 섰던 중신들에 의해 내각 타도 운동이 개시된 것이다. 1943년 6월, 오카다 게이스케(岡田 啓介)는 지도력 부족을 이유로 시마다 시게타로(嶋田繁太郎) 해군대신의 경질을 요구했고, 얼마 지나지 않아 시마다 해상은 사임했다.

각료 사임으로 약화된 도조 내각을 타도하기 위해 고노에 일파는 도조를 지지하는 육군강경파에 대응하기 위해서 해군내각 수립을 추진했다. 그러나 이 시기에 천황은 여전히 육군을 신뢰하고 있었고, 궁중파도 내각 타도에 동조하지 않았다. 때문에 결국 내각 타도 운동은 소강상태에 접어든다.

물론 이와 같은 사태에 위기감을 느낀 도조는 내각을 개조하여 지지층 확대를 도모했다. 도조는 통수부 재편에도 착수하여 스스로 참모총장을 겸임하고 전쟁지도체제를 강화하고자 했다. 국무성에서는 이미 육군대신을 겸임하고 있던 도조 수상이

참모총장을 겸임하는 것은 독립된 통수권을 침해한다고 비판하기도 했다. 그러나 이는 천황이 도조를 지지하는 것에 의해 봉쇄되었다(參謀本部編『杉山メモ』).

하지만 강한 완력을 쓴 도조의 방침은 반 도조 기운에 부채질을 하고 말았다. 이에 고노에를 중심으로 한 궁중·중신은 내각 타도 운동을 재추진하였으나, "천황이 전적으로 도조를 신임한다"(細川護貞, 『細川日記』)라는 큰 벽에 막히게 된다.

1944년 6월, 미국에 의한 사이판 상륙작전 이후 전황이 현저하게 악화되자 도조는 측근에게 사의할 의사를 내비쳤다. 그러나 황족들은 무책임하게도 사의를 철회할 것을 강요했다. 고노에 등 궁중·중신 그룹은 이에 편승했다. 이는 전쟁 책임을 도조한 명에게 지게 하여 천황의 책임을 피하려고 한 것이다(『細川日記』). 또한 본토폭격, 본토상륙까지 도조를 유임시켜 패전으로 방침 전환을 담당케 한 후 천황내각을 조직하자는 구상도 떠올랐다(山田朗·纐纈厚『遅すぎ聖斷』).

육해군 총력전에서 전선을 재건한 직후 전쟁을 종결한다는 방책이 검토된다. 천황은 일정한 전과를 올리기 전까지 전쟁을 계속할 의향이었던 것으로 보인다. 전황 악화를 염려해 도조의 퇴진을 요구한 황족도 있었지만, 천황은 들은 척도 하지 않는다(近衛 文麿, 『近衛日記』). 전황의 악화로 일본 국민이 반 천황의식을 가지게 될까 염려한 궁중세력과 중신들은 천황의 성단(聖斷)으로 도조를 퇴진시킨다는 계획을 꾸몄다.

　고노에 일파는 '국체호지'를 절대조건으로 조기 정전(停戰)을 지향했다. 사태를 방치하면 인심의 동요를 틈탄 좌익이 혁명을 비롯하여 다양한 책동을 일으킬 수도 있다고 생각했기 때문이다. 다만 적당한 시기를 잡는 것은 쉽지 않았다. 고노에가 기도에게 제안한 것처럼 고이소(小磯) 내각, 스즈키(鈴木) 내각을 거쳐서 히가시쿠니(東久邇) 내각이 탄생하게 되었으나 그 과정은 평탄하지 않았다. 천황의 의중을 가장 가까이에서 알 수 있던 내대신 기도는 도조의 퇴진을 받아들였으나, 전황을 바라보는 입장은 여전히 육군 주전파의 전망에 기반을 두고 있었다.

　도조는 내각 타도 위기를 자각하고 재차 내각개조를 단행하여 정권을 연명하기 위한 활로를 모색했다. 그러나 내각 타도운동에 가담한 기도는 도조에게 통수의 독립 등을 조건으로 제시했고, 도조는 변모한 '내부의 태도'를 탐지해냈다. 그러나 도조는 바로 천황을 배알하여, 통수권 독립을 보장한다면 정권을 연장해도 좋다는 신호를 받아냈다(『近衛日記』).

　단, 이 내용은 고노에의 관측이므로 천황이 도조를 지지하고 있었는지 여부는 확실치 않다. 그러나 도조의 강경한 태도에 곤혹을 치른 중신들이 기도를 통해 천황에게 압박을 가한 일은 사실이다. 기도는 도조 옹호파와 반도조파 사이에서 난처한 입장이 되었다. 기도는 반 도조파의 동향을 천황에게 전했다. 이 때문에 천황도 도조의 퇴진을 받아들이지 않을 수 없는 상황에 놓인다. 중신회의에서 근본적인 개혁의 필요성을 상주(上奏)하자 결국 도조도 내각총사임을 결단한 것이다(『近衛日記』).

도조의 퇴진은 천황의 의사를 번복하게 했다는 점에서 궁중 (宮中)·중신파가 주도권을 탈환했다는 의미였다. 궁중·중신파는 '국체호지'를 염두에 두고 종전(終戰) 공작을 진행했다. 도조 내 각의 총사직을 받아들인 후 고이소 내각(1944.7.22.~1945.4.7)이 성립 되었으나 중신들은 전투를 계속하는 정책에 기대하지는 않았 다. 고이소 수상은 1944년 8월에 최고 전쟁 지도 회의를 열어 현재의 상황을 무시하고 전쟁을 계속할 방침을 확인했다(『現代史 資料』).

천황은 대중(對中)전쟁의 곤란함을 알면서도 충칭(重慶) 공작을 용인한다. 일련의 공작 중에 이시하라 간지(石原莞爾)는 장제스와 평화 교섭을 추진했지만, 생각 외로 교섭은 난항을 겪었다. 전 황의 악화를 도외시한 군사공작이 궁지에 놓였고, 더 이상 갈 곳이 없게 된 고이소 내각은 총사직했다. 레이테 섬에서의 패배 를 계기로 황족과 중신들은 '국체호지'를 최우선으로 한 전쟁종 결 방책을 모색하기 시작한다(『細川日記』).

1945년 2월, 고노에는 천황에게 상주하여 패전이 바로 천황 제 체제와 직결되지 않는다는 견해를 표명했다. 그리고 고노에 는 육군내부에서 통제파를 배제하고 황도파를 기용하는 방책을 제안했다. 고노에는 국무차관에 승격한 그루 등 친일파의 의중을 이미 알고 있었던 것이다(山田朗·纐纈厚, 앞의 책).

천황도 군이 상주한 패전에 동반한 천황제 해체론에는 회의적이었다고 한다(『木戸幸一日記』). 그럼에도 천황은 전쟁을 지속한다는 뜻을 철회하지 않는다. 천황이 전쟁 종결 쪽으로 기운 것은 오키나와전 패배 이후의 일이다. 오키나와전의 패배로 인해 천황을 비롯하여 육군의 주전파도 모두 자신감을 상실했다.

이러한 전황의 악화를 배경으로, 궁중·중신 온건파 그룹과 육군 주전파의 타협에 의해 해군 출신의 스즈키 내각(1945.4.7~1945.8.15)이 발족한다. 천황이 여전히 전과를 기대하고 있다는 추측을 바탕으로 고노에는 기도에게 정보제공을 요구했다. 기도는 당시 천황이 전쟁 종결에 관심을 기울이고 있다는 것을 언뜻 내비치기도 했다(『細川日記』).

천황이 종전을 바란다는 것이 명확해지자 성단에 의한 방침 전환이 갑작스럽게 검토되었다. 정부는 신중하게 군부의 움직임을 견제하면서 '국체호지'에 대한 연합국 측의 반응을 살폈다. 또한 정부는 천황의 전쟁 책임을 불문에 부치고자 했다. 이 방침을 추진하기 위해 일본 외교 당국은 연합국과의 중개를 맡기기 위해 소련을 선택하여 대소교섭에 나선다. 한편, 육군은 여전히 전쟁 계속론을 외치고 있었다.

본토 결전론과 전쟁 종결론이 양립한 채 같은 해 6월, 정부의 시안이 천황에게 보고된다. 천황은 정부의 시안을 받아들였지만 정부 내부에서는 다시 의견대립이 발생했다. 스즈키 수상과 요나이 해군대신 등이 화평공작을 지지했던 데 반해, 아나미 고레치카(阿南惟幾) 육군대신은 전쟁 속행을 주장한다. 육군 내부에서는 화평공작을 용인한 기도에게 비판의 화살을 돌렸다. 천황은 기도의 뜻에 이해를 표하고 신속히 종전 공작을 진행하도록 지시했다(『木戶幸一日記』).

이미 독일이 항복한 상황이었고, 오키나와가 미군에 점령되어 있다는 점을 고려하면 부득이한 선택이었다. 천황은 뜻을 정하고 바로 참모본부에 전쟁 종결을 받아들이게 했다(田中伸尙, 『ドキュメント 昭和天皇·第5件敗戰』). 이렇게 천황, 기도, 고노에는 전쟁을 조기 종결한다는 데 의견을 일치한 것이다.

천황은 고노에에게 친서를 내려 대소교섭에 임하게 했으나 때는 이미 늦었다. 소련이 연합국 측에 서서 대일참전의 방향으로 내닫기 시작했기 때문이었다. 같은 해 7월 말, 트루먼, 처칠, 스탈린 간의 합의에 의해 포츠담 선언이 발표되면서 일소교섭은 흔적도 없이 사라졌다.

포츠담 선언 문서는 미국을 중심으로 작성됐다. 미국은 천황제 유지를 조건으로 내걸고 일본의 무조건 항복 수락을 목표로 삼았다. 천황은 일소교섭에 희망을 가지고 있었기 때문에 일본 정부는 이 선언의 내용이 일본에 알려지자 대응 방침을 고심했다. 군부의 강경한 태도를 염두에 둔 스즈키 수상은 "정부의 입장에서는 포츠담 선언을 중요시하지 않는다. 묵살(no comment)할 뿐"이라는 이른바 '묵살' 발언이 선언되었다.

군부의 강경한 반발도 걱정거리였지만, 포츠담 선언에서 일본 정부는 '국체호지'를 확실히 읽어낼 수 없었던 것이다. 반면 연합국 측은 스즈키 수상의 '묵살' 발언을 액면 그대로 받아들였다.

결국 미국은 히로시마, 나가사키에 원폭투하를 단행했다. 그리하여 미일전쟁은 중대한 국면을 맞이하게 된다. 천황은 소련의 회답을 기다린다는 태도를 바꾸지 않았기 때문에 귀중한 시간을 헛되이 낭비했다고 할 수 있다.

원폭투하의 충격은 지대했다. 도고 시게노리(東鄕茂德) 외무대신은 즉시 전쟁을 끝낼 것을 상주했다. 천황 역시 사태를 우려하여 기도를 통해 스즈키 수상에게 종전을 위한 조정을 지시했다(『木戶幸一日記』). 여기에 박차를 가한 것이 소련의 대일참전이었다. 포츠담 선언은 일본의 의사를 고려하지 않는 엄격한 내용이었기 때문에 최고전쟁지도회의와 각의에도 모두 분란이 일었다. 이 선언은 무조건 항복을 강요하는 메시지를 담고 있었고, 이 내용에 주로 육군이 강하게 반발했기 때문이다.

천황과 정부 모두 궁지에 몰린 상태가 되었기 때문에 기도는 시게미쓰 마모루(重光葵) 전 외무대신, 고노에 일파와 협의에 들어간다. 궁중 그룹이나 중신들이 다시 조정에 들어가면서, 성단에 의한 포츠담 선언 수락이라는 방침이 떠올랐다(外務省編, 『終戰史錄』). 또한 심야 어전회의가 개최되었으며, 스즈키 수상의 요청을 받아들인 천황은 선언 수락 의사를 밝혔다.

점령 통치의 개시

패전 전날인 1945년 8월 14일 오전에 열린 어전회의에서 천황은 "씨앗이 조금이라도 남아 있기만 하다면 부흥이라는 광명도 다시 생각할 수 있다"라며 일본 재생의 가능성을 시사했다(『終戰史錄』). 다음날 아침 수상관저가 습격당했다. 2.26사건 때에도 구사일생으로 살아남았던 스즈키(鈴木) 수상은 이미 고이시카와(小石川)의 자택으로 피신한 상황이었다. 다음 날 정오, '옥음방송(玉音放送)'이 흘러나왔다.

전쟁을 끝낸 내각이라는 책임을 지고 스즈키가 퇴진하자 기도(木戶) 등은 사전 공작을 통해 히가시쿠니노미야(東久邇宮, 황족) 내각을 발족한다. 그 또한 내각총리대신이 되고 싶었던 것은 아니나, 고투에 고투를 거듭하여 피폐해진 천황의 모습을 보고 정권을 맡겠다는 각오를 다졌다(『東久邇日記』). 물론 기도로부터 천황이 국민을 구하기 위해 연합국에 몸을 바치겠다는 뜻을 전해

들었던 것이 그의 결단을 재촉했다는 것은 말할 것도 없다.

히가시쿠니노미야 내각에 요구된 것은 패전의 수용이었다. 이오키베(五百簱頭)에 의하면 이 내각에 기대한 것은 '전통성'과 '혁신성(국제성)'이었다(五百旗頭眞, 『占領期』). 황족 내각의 탄생은 일본 국민이 패전을 받아들일 유예기간을 확보하기 위함이다.

이러한 조치를 취할 수 있었던 것은 오로지 대부분의 국민이 패전의 책임을 천황에게 묻고자 하는 의지가 희박했기 때문이다. "참기 어려운 것을 참으며"라고 한 옥음방송은 천황을 향한 반발을 불러오기는커녕, "죄송하다"는 심리를 국민들이 공유하게 한 효과를 거뒀다. 신민교육이 철저했었다기 보다도 종전을 바라고 있었던 국민의 거짓 없는 공감을 얻을 수 있었기 때문이라고 보는 것이 타당할 것이다.

천황은 히가시쿠니노미야에게 "시국의 수습"을 요구했다(東久邇, 『私の日記』). 이는 군의 반란을 억제하라는 뜻이었다. 이 내각은 고노에(近衛)나 전시 언론통제 책임자였던 오가타 다케토라(緒方竹虎)의 협력을 얻어 조직된다. 점령군의 진주를 고려할 때 외무대신의 선임에 신중함이 요구됐다. 시행착오를 겪은 후, 시게미쓰 마모루(重光葵)를 외상으로 기용하기로 결정됐다. 궁중의 의중을 전제로 고노에가 시게미쓰를 천거한 것이다. 히가시쿠니는 각료인사에 대해 "무난하고 노련한 보수적인 사람들"을 모았다고 인식하고 있었다(『東久邇日記』).

미국이 걱정한 육군 장교의 반란은 끝내 일어나지 않는다. 잠재적 위험은 있었으나 다행히 군부의 불온한 움직임은 표면화되지 않았다. 옥음방송을 들은 대부분의 국민은 망연자실했다. 의기양양한 수상은 라디오방송을 통해 국민을 생각하는 천황의 마음을 전했다. 조서(詔書)에는 국민의 총력을 국가재생으로 향하게 하자는 취지가 담겨 있던 것이다.

1945년 8월 30일, 맥아더가 아쓰기(厚木) 공항에 착륙했다. 이에 앞서, 미군의 진주를 저지할 것을 주장한 해군항공대를 달래기 위해 다카마쓰노미야(高松宮, 황족)가 현지에 파견됐다. 그리하여 일본은 무혈 무장해제를 달성한다. 맥아더가 무방비함을 보여주며 트랩을 내려오기도 했기 때문에 정부는 일단 안도했다(『東久邇日記』). 일본은 유사 이래 처음으로 외국의 점령을 받아들인 것이다.

GHQ 입장에서도 직접통치가 갑작스럽게 간접통치로 변경됐다. 시게미쓰가 이끄는 외무성이 미군 진주에 협력 자세를 보이자 점령 통치는 신속하게 개시된다. 시게미쓰는 외무성에서 외교 주도권을 쥐려고 했으나, 이에 대해서는 GHQ뿐만 아니라 수상관저에서도 난색을 표했다. GHQ의 지령내용이 국정전반에 걸쳐있었기 때문이다.

히가시쿠니 수상의 방침은 견고한 관료기구에 통용되지 않았다. 수상의 정치력 한계는 점점 명확히 드러났다. 일반 사면

령 실시도 사법, 육군 두 개 성에 의해 저지됐다(『東久邇日記』). 앞서 본 시게미쓰 외상의 논리도 종전연락사무국이라는 GHQ와의 채널을 외무성 산하에 조직하게 된 만큼, 정부 내에 불협화음이 생기지 않도록 했던 것이다. 시게미쓰의 독주에 고노에나 기도도 경계심을 강화했다. 이는 수상이 시게미쓰의 외상의 퇴임을 모색하게 되는 계기로 작용한다(『木戸幸一日記』).

결국 시게미쓰가 퇴임하고 요시다 시게루(吉田茂)가 후임 외상에 취임했다. 요시다는 분명 조기 종전을 요구하는 고노에 그룹에 속해 있었으나 개성이 강했기 때문에 그룹의 뜻이 외교정책에 반영되지 못했다. 고노에 등과 관저 사이의 거리는 벌어지기만 할 뿐이었다. 현 내각 퇴진 후 그들은 고노에를 옹립할 방침이었던 것으로 보인다(『日本内閣史録』). 맥아더가 고노에와 한 회담에서 고노에의 정치적 역할에 기대감을 표명한 일도 순풍의 역할을 했다. 맥아더는 고노에가 헌법 개정에 착수할 것을 기대했던 것이다. 그러나 안타깝게도 고노에는 현저하게 결단력이 결여된 인물이었다.

이처럼 돌출한 행동을 보이는 고노에가 부총리로 있던 내각의 운명은 바람 앞의 등불이라고 해도 무방할 정도였다. 본래전전 내각총리대신의 권한은 크지 않았으며, 내각 내부의 불일치가 곧바로 내각 붕괴로 귀결되는 일도 적지 않았다.

메이지 헌법 체제의 제도적 결함 중 하나는 메이지 헌법 제

55조에 있다. 내각제도의 발족과 함께 제정된 내각직권은 수상의 권한을 폭넓게 설정했으나, 메이지 헌법 제55조에 규정된 각 대신의 단독 보필 책임제는 천황대권과의 관계에서 내각관제가 수상의 권한을 제약하는 결과를 낳았다. 대(大)재상주의는 버려지고 소(小)재상주의가 채택된 것이다. 내각관제는 전전 일본에서 행정의 일원화를 상당히 저해했다(졸저, 『日本行政史序說』).

점령 통치의 개시에 따라 천황과 정부의 통치권은 박탈되었으며, 연합국 최고사령관이 일본의 지배권을 독점했다. 미국의 트루먼(Harry Shippe Truman) 대통령은 무조건 항복을 전제로 일본에 군정을 펴는 방안도 염두에 둔 상태였다. 그루 등의 온건파가 물러나고 제임스 F. 번즈(James Francis Byrnes)가 국무장관에 취임하자 바람의 방향은 크게 바뀌었다(『占領期』).

맥아더와 일본 정부

그러나 맥아더의 대일자세를 즉시 전환시키지는 않았다. 맥아더는 일본의 사정에 정통하진 않았지만, 점령 통치에는 일본의 협력이 불가결하다고 생각했다. 때문에 대부분의 일본인이 숭배하는 천황의 존재를 중시한다는 방침을 견지했다.

맥아더는 이 방침을 엄연히 관철하고 전범용의자 체포에 임했다. 기소를 각오하고 있던 도조는 자살을 꾀했지만 미수에 그쳤고, 미군에게 신병을 구속당한다. 이러한 상황에서 여론은 도조를 멸시했다(『細川日記』).

수상도 무거운 엉덩이를 들어 맥아더와의 회담에 임했다. 맥아더는 일본의 비군사화와 민주화를 강하게 요구했다. 수상이 일기에 기록한 것처럼 맥아더의 대응은 실로 정중했다(『東久邇日記』). 맥아더는 워싱턴의 뜻을 받아들이면서도 전후일본의 재건에 주체적으로 대응한다. 9월 17일, 총사령부는 요코하마(橫浜)에서 도쿄 히비야(日比谷)의 제일생명 빌딩으로 이전한다. 맥아더는 점령 통치의 성공을 확신했다. 그는 미군의 철수까지도 생각하고 있었던 것으로 보인다.

맥아더는 이러한 인식을 바탕으로 성명을 발표했지만, 워싱턴은 이에 강하게 반발했다. 맥아더의 초기 대일점령정책은 미국정부 안에서는 나약하면서도 제멋대로인 것으로 받아들여졌다(『占領史錄』). 본국정부의 방침을 무시하고 독주하는 맥아더에게 트루먼 대통령은 불쾌감을 표명했다. 그럼에도 불구하고 맥아더 성명은 미군의 철수에 대하여 언급했다. 백악관은 이를 월권행위라고 보고 새로운 대일방침을 내세우게 되었다(『昭和財政史』).

맥아더는 일본 정부 수뇌를 보고 수상의 태도와 내각의 성격에 의문을 품었다. 천황의 뜻도 있었기 때문에 내각은 신속하게 교체되었다. 결국, 맥아더가 정권교체를 시사(示唆)했다고도

볼 수 있을 것이다(『マッカーサー回顧錄』).

9월 27일, 천황은 처음으로 맥아더와의 회담에 임했다. 9월 2일의 항복문서조인에 따라 일본의 입장은 크게 변화한다. 천황은 황거에서 나와 구 미국 대사관에 세워진 최고사령관 공저로 향하게 되었다. 회담에 앞서 촬영했던 두 사람의 유명한 사진은 일본에 큰 충격을 주었다. 이는 동시에 워싱턴을 납득시키는 효과도 있었다. 맥아더는 천황의 권위를 점령 통치 추진에 적극적으로 활용할 속셈이었을 것이다.

이 회담에서 천황이 모든 책임을 지겠다고 한 발언에 맥아더는 깊은 감명을 받았다고 한다. 천황의 이러한 생각은 이미 패전 전부터 어전회의 등에서 표명되었다. 스스로 몸을 바쳐 국민을 구하겠다는 것이었으나, 기도는 천황의 이러한 발언을 제지했다(『木戶幸一日記』).

기도의 조언은 적절했다. 워싱턴이 천황에 대해 인정한 것은 결국 점령 통치에서 이용가치가 있다는 것뿐이었다. 그러나 천황의 발언이 맥아더를 감동시켰다는 것은 큰 의미를 갖게 된다(藤田尚德, 『侍從長の回想』).

맥아더는 점령 통치를 성공적으로 이끌기 위해 천황을 미화했다. 물론 맥아더의 『회고록』은 비판적으로 읽어야 마땅하다. 맥아더는 도쿄와 워싱턴의 입장을 조정하는 위치에 있었기 때문이다. 맥아더는 천황과의 회담에서도 일본의 제의를 인내하며 오랫동안 기다렸다. 그리고 기다린 보람이 있었다. 천황에 대한 옹호가 필요하다고 확신한 맥아더는 본격적으로 워싱턴 설득에 나섰다.

내각의 교체에 당면하여 요시다가 주선에 나섰다. 요시다는 히가시쿠니노미야 내각의 후임으로 시데하라 기주로(幣原喜重郎)를 추대하기 위해 노력했다. 그러나 시데하라는 건강상태를 이유로 거절했다(『幣原喜重郎』). 그럼에도 종전선후책(終戰善後策)을 갖고 있던 시데하라의 수락은 조만간 가능한 것처럼 보였다.

후임자 선정이 큰 과제가 되자 천황과 기도 사이의 의견조정을 시작으로 기도 역시 전심으로 주선에 나섰다. 기도는 당초 고노에를 천거하고자 했으나, 미국이 선호하는 인선, 전쟁 책임과 관계없는 인물, 외교정책에 정통한 자 등을 기준으로 시데하라와 요시다를 후보로 올렸다. 이 정보는 천황에게도 전해졌다.

GHQ와의 사이에서 조정하는 일은 요시다가 맡았다. 맥아더는 시데하라가 고령이기 때문에 일말의 두려움을 느끼고 있었지만(『回想十年』), 맥아더는 표면상 내정에 대해 간섭하지 않는다는 방침을 보였다(『木戶幸一文書』). 요시다의 조정력이 시험대에 올랐다. 요시다는 설득에 끈질기게 나섰지만, 시데하라는 좀처럼 승낙하지 않았다. 이에 기도의 알선을 통해 시데하라를 궁중으로 불러들인다. 천황이 몸소 시데하라를 설득하게 된 것이다. 시데하라는 처음에 고령의 나이와 내정에 어둡다는 것을 이유로 거절했다. 그러나 천황이 심통함을 보이자 시데하라는 결국 뜻을 굽히게 되었다(『幣原喜重郎』).

10월 9일에 정식으로 발족한 시데하라 내각은 '수상담화'를 발표하고 민주정치의 확립, 식량문제의 해결 등 8개 정책과제에 몰두하는 자세를 보였다. 같은 달 11일 각의에서 헌법 개정과 선거법 개정이 채택되었다. 같은 날 저녁, 시데하라 수상은 맥아더와 회담에 임했다(『占領史錄』). 이 회담에서 맥아더는 일본에 5대개혁을 요구했다. 5대 개혁은 여성참정권, 노동조합, 학교교육, 사법제도, 경제기구의 민주화이다. 이에 시데하라 내각은 개혁안을 실시한다는 결의를 표명했다.

시데하라 내각은 GHQ의 민주화방침에 협조적이었기 때문에 맥아더도 시데하라를 신뢰하여 일본 정부의 재량권을 대폭 인정했다. 그러나 맥아더·시데하라 회담 이후, GHQ와 일본 정부에 의한 협력체제의 형세가 심상치 않게 변화했다. 문제의 중심에는 헌법 개정이 있었다. GHQ가 제시했던 5대개혁의 전문에는 헌법의 자유주의화가 강조되고 있었기 때문이다.

시데하라는 일본의 독자적인 민주화를 염두에 두고 있었지만, 이를 납득하지 않은 GHQ는 냉엄한 자세를 취했다. 시데하라도 원수와의 회담을 성공적이라고 보고 있었던 만큼, 미국의 대일점령정책이 그리 간단하지 않다는 것을 실감했다(『幣原喜重郎』). GHQ는 10월이 되자, 공직추방을 단행했다. 내무, 경찰의 간부가 가차 없이 추방됐다. 이러한 움직임은 전전 일본의 권력 중추 파괴와 민주화를 사명으로 하는 민정국(GS)에 의해 추진되었다(増田弘, 『公職追放』).

이른바 인간선언

1946년 설날, 천황 스스로가 살아있는 신임을 부정하는 조서(「人間宣言」)가 나오면서 신격화 된 천황상은 보란듯이 파괴됐다. 관련 조서의 작성을 둘러싸고 GHQ가 궁내성에 지시했다는 설, 천황과 시데하라 수상의 협의에서 나왔다는 설 등 여러 가지 견해가 표명되어왔다.

그 중에서도 히라카와 유코(平川祐弘)의 지적대로 야마나시 가쓰노신(山梨勝之進) 가쿠슈인 원장이 기초했다는 학설은 주목할 만하다(『平和の海と戰いの海』). 이후 히라카와 설은 연구를 통해, 가쿠슈인의 영어 교사가 민간 정보 교육국에 들어가 GHQ의 공작을 진행했다는 사실을 밝혀냈다. 이 공작은 궁중에 대해서도 실행됐다. 마쓰히라 요시타미(松平慶民), 소우치쓰 료(宗秩 寮) 총재를 통해 천황의 뜻이 타진된다. 이 공작의 결과, GHQ와 정부도 조서를 매듭짓기 위해 움직였을 것으로 추측된다(『占領期』).

이 무렵 황족을 비롯한 정계 요인이 잇따라 전범 용의자로 체포됐다. 기도 전 내대신에게도 체포령이 떨어졌다. 천황은 고락을 함께 한 기도를 궁중으로 불러 자주 위로했다. 기도는 단지 감격하여 울 뿐이었다(『木戸幸一文書』). 기도에 대한 천황의 신뢰는 절대적이었으며, 그의 조언에 귀를 잘 기울였다. 그만큼 기도를 잃는 것은 천황에게 큰 타격이었다.

조서의 골자는 천황의 신격 부정에 있다. 신문에는, "천황 국민의 유대, 신화 전설에 지나지 않다"(『讀賣報知』) 라고 보도됐다. 사실 이 조서는 시데하라가 영문으로 기초했다고 한다. 수상은 이 작업에 집중한 나머지 병이 났다. 주치의인 다케미 다로(武見太郎)가 진찰했다는 사실로 유명하다. 치료약으로 미군이 제공한 페니실린이 투여되었다고 한다(『回想十年』).

수상이 쓰러지면서 초안 작성은 문부성(文部省)에 맡겨졌다. 천황 및 측근도 초안에 대해 주문했다(木下道雄, 『側近日誌』). 천황이 5개조 서약문 삽입을 희망한 것은 일찍이 알려져 있는 사실이다(『評傳吉田茂』). 일본의 역사에서도 민주성이 인정되었다는 취지일 것이다.

히라카와는 국체호지라는 것은 천황제의 존속이라 해설하고 있으나, 이것을 일본의 인식이라고 하는 것은 옳지 않다(平川, 앞의 책). 국체호지는 메이지 헌법이 규정한 대로 어디까지나 주권이 천황에게 있다는 해석을 포함한 넓은 개념이다. 그러나 이러한 해석은 미국에 의해 거부됐다. 미국이 요구한 것은 국민이 지지하는 천황제였다.

연초인 1월 4일 황궁에서는 예년과 마찬가지로 마쓰리고토하지메(政始) 의식이 거행됐다. 의식이 종료되기를 기다리고 있었다는 듯, GHQ는 5개 각료에 대한 <공직추방령>을 발표한다. 여전히 병상에 누워있던 시데하라에게는 다소 가혹한 조치였으며, 내각은 중대한 국면을 맞이한다(增田, 앞의 책). 즉시 내각개조가 모색되고 총사직도 진지하게 검토되었다. 이 추방령의 출처는 워싱턴이었다.

기도를 잃은 천황은 사태에 당황하여, 워싱턴의 뜻을 자신의 퇴위에 연결시켜 생각했다. 천황은 일말의 불안을 안고 있으면서도 시데하라를 신임했다. 궁중은 GHQ와의 파이프 구축에 노력했으며, 요시다 외상도 적극적으로 움직였다. 각료들도 필사적으로 총리를 지지할 태세를 보였다. 결과적으로 시데하라는 개조내각에 의한 사태 극복을 결의했다.

같은 달 24일 시데하라 수상은 맥아더를 방문하여 회담했다. 맥아더는 "인간선언"에 평화 이념을 포함시킨 시데하라를 높게 평가했음이 틀림없다. 회담에서는 그것을 확인함과 동시에 헌법 개정이 논의된다. 이때 맥아더가 전쟁포기조항을 제기했다는 견해도 있다.

맥아더와의 회담 성과를 천황제 유지와 전쟁포기에 대한 거래를 성립시켰다는 데서 찾는 사람이 많다(大嶽秀夫, 『前後日本防衛問

題資料集』). 이오키베(五百旗頭)의 지적대로 맥아더의 회고록과 『幣原喜重郎(시데하라 기주로)』를 대조해보면 시데하라가 전쟁포기를 제안했을 가능성이 보인다. 천황제의 존속에 대한 맥아더와 시데하라의 합의에는 아무런 문제가 없었다. 다만, 맥아더는 워싱턴으로 하여금 이를 받아들이게 하기란 쉽지 않다고 판단하고 있었음이 틀림없다.

맥아더의 회상대로, 시데하라가 전쟁포기를 자청해서 말했다고 한다면 워싱턴을 설득하기가 더 쉬워진다. 물론 맥아더의 허언으로 이해할 수도 있다. 그러나 일본현대사 전문가들은 대체로 천황제 유지와 전쟁포기가 한 세트라고 파악한다. 이 회담에서 시데하라가 했던 발언을 맥아더가 편리하게 이용했다고 봐야 할 것이다.

헌법 제1조(천황조항)의 성립

워싱턴에서는 천황의 전쟁 책임을 둘러싼 논의가 활발히 이루어지고 있었다. 그 결과 천황을 전범으로 포함시킬지 여부를 둘러싸고 의견 대립이 발생했다. 맥아더는 천황을 전범에서 제외하기 위해 미국 정부를 강하게 압박했다. 이 때 맥아더는 이미 천황을 '일본 국민통합의 상징'으로 간주하며 천황제를 옹호하는 자세를 분명하게 취했다.

맥아더는 워싱턴에 일본 국민들은 포츠담 선언을 수락하는 조건으로 천황제 존속이 보장되었다고 믿고 있다고 전했다. 미국이 이 조건을 지키지 않으면 일본인은 점령 통치에 순순히 따르지 않을 것이며, 무질서한 사회가 되는 것도 충분히 예상할 수 있다고 말했다. 이러한 생각을 전할 무렵 맥아더는 "천황은 일본인 선조들의 덕이 담겨 있는 민족의 살아 있는 상징이다", "천황을 전쟁범죄인으로 처벌하는 것은 불경일 뿐만 아니라, 정신의 자유를 부정하는 것이다" 등의 내용을 담고 있는 보너 펠러스(Bonner Frank Fellers)의 메모를 참조했다(『マッカーサーの日本』).

코트니 휘트니(Courtney Whitney)가 이끄는 민정국은 현재 최고 사령관이 헌법 개정에 관한 모든 권한을 가진 것을 확인하고, 사실상 맥아더를 지원했다. 2월 상순에 GHQ는 마쓰모토 조지(松本烝治) 국무대신이 준비한 두 개의 문서 제출을 극비리에 요구했다(『史錄 日本國憲法』). 마쓰모토 문서는 천황에 주권을 위임하는 국체호지를 근거로 한 헌법안이다. 앞서 기술한 것처럼 국체호지란 천황에게 주권을 위임한 것이다. 문서를 본 GHQ는 크게 실망했다. 휘트니는 즉시 맥아더에게 GHQ 측이 헌법 초안을 제시해야 한다고 권고했다.

휘트니 민정국장은 맥아더의 둘도 없는 친구였다. 맥아더는 정보를 모아 앞으로 나아가야 할 길을 모색했고, 마침내 민정국

에 헌법 초안 작성을 명했던 것이다. 맥아더가 일주일 내로 초안을 정리하라고 지시했기 때문에 기초 작업은 상상을 초월한 강행군이 되었다. 2000년 5월, 참의원 헌법조사회에 참고인으로 초청받았던 전 GHQ 민정국 조사전문관 베아테 시로타 고든(Beate Sirota Gordon)은 휘트니 민정국장으로부터 일주일사이에 헌법초안을 기안하도록 명령받았던 때의 모습을 생생하게 진술했다(中村明, 『象徴天皇制は誰がつくったか』).

헌법 초안 기초에 앞서, 이른바 맥아더 3원칙이 제시됐다. 3원칙이란 천황의 지위와 권한, 전쟁포기, 봉건제의 폐지를 뜻한다. 이른바 맥아더 초안의 지침이 제시되었던 것이다. 완성된 초안은 2월 13일, 휘트니로부터 요시다 외무대신, 마쓰모토 국무대신에게 건네진다. 마쓰모토는 그 내용을 확인하고 크게 놀랐다. GHQ 헌법 초안의 제1장 제1조에는 "천황은 일본국의 상징이며, 일본 국민통합의 상징이다"라고 기재되어 있었던 것이다.

나카무라 마사노리가 명확히 밝힌 것처럼, 이 문건은 2월 12일 민정국 운영위원회에서 검토된 후 미국 외교관으로 일본헌법 초안 작성에 참여한 리처드 풀(Richard A. Poole) 등의 의견을 받아들인 것이다(『象徴天皇制への道』). 일본 측은 천황을 상징으로 하자는 규정에 그저 당혹스러울 뿐이었다. 마쓰모토 국무상은 헌법 초안 치고는 매우 문학적인 표현이라고 반응했다.

그러나 일본 국내의 지식인들 가운데에서도 정치적인 권능을 보유하지 않는 천황을 상징적인 존재로 자리매김해야 한다는 시안이 검토되고 있었다. 여론조사 결과에서도 상징천황이 국민의 지지를 얻었다는 것은 틀림없는 사실이다.

애초에 역사적으로도 천황은 집정하지 않는 상징으로서 기능해 왔다(졸저, 『歷代天皇總覽』). 천황을 '통치권의 총람자'라고 규정한 메이지 헌법 하의 천황상은 특이한 것이라고 해야 옳다(졸저, 『明治天皇』). 천황제의 역사에 비춰 볼 때 많은 경우 '천황 친정'이라는 개념은 실질을 동반하지 않았던 것이다(졸저, 『天皇親政』).

물론 일본사에는 고다이고 천황(後醍醐天皇, 1288-1339)과 같이 천황 친정을 목표로 했던 예외적 존재도 있다. 그리고 쇼와 천황(昭和天皇, 1901-1989)의 정치성에 주목하는 학설도 많다. 미국과 일본의 온건한 지식인들은 정치적으로 이용되어 결과적으로 천황제 존속이라는 정치적 판단에 가담했다. 역시 "미일 두 정부가 쇼와 천황을 기만적인 구조에 파묻었다"는 측면을 봐야하는 것은 아닐까(Herbert P. Bix, 『昭和天皇』).

당연한 이야기지만 일본 정부는 맥아더 초안을 기본적으로 받아들일 수밖에 없었다. 마쓰모토 등에게 초안을 넘긴 휘트니 민정국장도 초안 수용이 일본에 이익이 될 것이라고 설명했다. GHQ 및 미국의 대일정책과는 별도로 연합국 내부에서는 전쟁 책임을 추궁하기 위해 천황을 전범(戰犯)으로 취급해야 한다는 의견을 표명했다. 특히 호주와 영국, 소련은 천황제를 폐지해야

한다는 의견을 피력한다.

왕실 국가인 영국이 자국의 왕실만으로 족하다며 영연방에 편입되었던 여러 국가의 왕실을 모조리 없앤다는 강경책을 추진하고 있었다는 사실은 유명하다. 일각에서는 미국이 이를 참고하여 장래 일본의 천황제를 폐지하는 방향으로 몰고 간다는 황통 단절 시나리오를 그리고 있었다는 의견도 있다. 상징천황제를 지지하는 새로운 헌법과 황실전범은 성립 당초부터 천황제 해체라는 함정을 설치해 놨다고 해도 좋을 것이다. 일찍이 황실전범의 황위 계승 규정은 성립 당시부터 구조적인 결함이 내포되어 있었던 것이다(졸저, 『女帝誕生』).

천황 전범론이 국제 여론이 되기 전에 맥아더는 천황제를 옹호하는 입장에서 일본에 헌법 초안을 수용할 것을 강력하게 요구했다. 일주일이라는 놀라운 속도로 초안이 작성된 것은 극동위원회의 존재를 의식했기 때문이었다. 여기에는 점령 통치를 반드시 성공시키겠다는 맥아더의 정치적 야심이 숨어있었다.

일본 정부는 맥아더 초안을 어떻게 다뤄야 할 지 고심한 나머지 쉽사리 각의를 소집하지 못했다. 참다못한 GHQ는 초안 수락을 독촉했다. 같은 달 19일, 마침내 각의가 개최되어 맥아더 - 시데하라 회담이 결정됐다(入江 俊郎, 『日本國憲法成立の經緯』). 회담 후 열린 각의에서 시데하라는 맥아더 초안을 수용하게 해달라며 각료들의 이해를 구했다(『芦田均日記』). 시데하라는 각의가 종료된 후 곧바로 입궐하여 천황의 양해를 얻어냈다.

이 초안은 제국 의회의 심의에 부쳐졌고, 1946년 8월 24일, 마침내 헌법 제1조는 "천황은 일본국의 상징이자 일본국민 통합의 상징이며, 그 지위는 주권이 존재하는 일본국민의 총의에 기초한다"라고 결정되었다. 이로 인해 주권은 천황에게서 국민에게로 옮겨졌으나, 그 과정은 우여곡절의 연속이었다(『象徵天皇制への道』).

상징천황의 역사적 의의

와세다(早稻田)대학에서 교편을 잡고 있었던 쓰다 소우키치(津田左右吉)는 1946년에 발행된 잡지 『世界(세계)』 4월호에서 「건국 사정과 만세일계의 사상」이라는 제목으로 논문을 발표하여 주목을 받는다. 패전 이전에 쓰다는 『古事記(고사기)』, 『日本書紀(일본서기)』 기사의 태반이 신화라고 주장하여 국체부정론자라는 규탄을 받은 인물이다. 저서는 발매금지 처분이 되었고, 황실의 존엄을 해쳤다하여 출판법 26조 위반으로 고소되었다. 이에 『世界(세계)』의 편집자는 천황제 비판론을 기대하고 쓰다에게 집필을 의뢰했던 것이다. 그러나 기고되었던 논문은 황실 옹호론이었다. 아니, 황실 찬미론이라고 해도 과언이 아니었다.

쓰다는 역대의 천황이 비군사적이며, 군림하되 통치하지 않는 비정치적 존재였다고 강조했다. 천황이 유사 이래 존속해왔던 이유를 그 정신적 권위에서 구한 것이다. 쓰다는 천황은 일본의 상징이며, 그 상징성이야말로 황실의 본질이라고 주장했다. 1930년대 군부 및 군부에 종속된 관료들이 천황의 권위를 이용하여 일본을 전쟁으로 이끌었다고 설명한 것이다(Kenneth J. Ruoff, 『國民の天皇』).

논문의 반향을 고려한 편집자가 논문에 관한 서간을 게재했다는 사실도 유명하지만, 그 논지를 살펴보면 일본 좌익의 편협함은 놀라움을 넘어 우스꽝스럽다. 천황제 폐지론을 가볍게 논하는 좌익언론인은 당장 쓰다를 비난의 대상으로 삼았지만, 그 역사적 논거는 지극히 얄팍하다고 할 수 있다.

쓰다의 주장을 보다 정교화한 사람은 도쿄대학(東京大學)에서 법제사를 강의하고 있던 이시이 료스케(石井良助)이다. 이시이의 주장에 따르면 천황은 역사적으로 본래 집정하지 않았으며, 고대와 근대에 인정되었던 천황친정이라는 표방은 외국법을 수용했던 계수법(繼受法)의 영향으로 보인다(石井, 『天皇』). 이시이는 고대 율령법(중국법)의 계수와 근대 독일법의 계수에 주목했던 것이다.

이시이의 학설은 귀중하지만 정확하다고만은 할 수 없다. 아스카(飛鳥)·나라(奈良)시대에 편찬된 다이호(大寶) 율령, 요로(養老) 율령과 『續日本記(속일본기)』 등을 보면 현실 정치권력을 장악한

자는 태정관(太政官)이다.

야마토(大和)조정은 중국(唐)의 중앙관제를 대폭 개정하여 실질적인 정책결정의 권한을 태정관에게 집중시켰다. 중국 황제는 신왕조를 수립한 정치적 패자(霸者)였지만, 일본 천황은 실질적인 의미에서 통치자라고 할 수 없었으며 정치적·종교적 권위자에 지나지 않았다(졸저 『天皇と官僚』). 요시다 등이 지적하듯이 태정관으로 집약된 귀족층의 의중이 율령을 운용하는 과정에서 천황의 권력을 제약했던 것이다.

메이지 헌법에 규정된 천황의 대권은 강대해 보이지만 메이지 천황은 입헌군주의 성격이 농후했다. 관료인사에 개입하거나 교육정책에 관여하는 등의 과정에서도 역시 능동적인 측면은 제한적이었다(『明治天皇』, 앞의 책). 메이지 헌법의 법적구조를 분석했던 헌법학자 미노베 다쓰키치(美濃部達吉)가 천황 기관설(天皇機關說)을 주장했던 것도 납득할 수 있다.

확실히 패전 전의 천황은 대원수였고 통수권은 독립되어 있었다. 천황이 정치적·군사적으로 주체적인 의사를 표시하는 것도 어느 정도 가능했던 것으로 보인다. 중일전쟁의 확대에 따라 정부가 군부의 독주를 제지할 수 없었다기보다, 육군 일부와 결탁했던 고노에가 천황의 지지를 이끌어내는 데 성공했다고 보는 것이 타당하다(藤原彰, 『天皇と宮中』). 고급 군사정보를 입수한 천황은 대소(對蘇)위협론의 입장에서 불확대 방침을 인정하지 않았다(Herbert P. Bix, 앞의 책).

맥아더는 천황을 축으로 일본을 180도로 바꾸기 위해 몰두했다. 이를 위해서는 천황의 면책이 필요했고, 쇼와 천황이 전쟁을 지도했다는 사실을 흐지부지시켜야 했다. 국체호지를 목표로 했던 일본 정부는 맥아더 초안을 받아들이지 않을 수 없었고, 제국의회에서 답변하는 데 온갖 어려움을 겪었다. 헌법대신으로 잘 알려진 가나모리 도쿠지로(金森德次郎)는 국회심의에서 주권의 소재를 시종일관 애매하게 다뤘다(Kenneth J. Ruoff, 앞의 책).

천황주권과 국민주권을 공존시킨 가나모리의 해석은 의회뿐만 아니라 헌법학자의 격렬한 비판에 직면하게 된다. 미노베의 후계자로 전후의 대표적인 헌법학자 미야자와 도시요시(宮沢俊義)는 신헌법을 지지하며 일본은 군주제에서 공화제로 전환했다고 해석했다(宮沢, 『憲法』). 그러나 미야자와의 이러한 해석이 널리 받아들여진 것은 아니었다.

천황 행위의 의미

현행 헌법은 국가원수를 규정하지 않는다. 원수가 천황인지 내각총리대신인지 분명하지 않다. 문제는 헌법상 본래 국가 원수의 권능으로 여겨지는 사항이 천황의 국사행위 안에 포함되어 있다는 점이다. 다만 헌법에서는 천황의 국사행위도 내각의 조언과 승인에 입각한다는 것을 강조했기 때문에 더욱 다양한 해석이 나타나게 되었다.

천황은 국사행위나 공무를 수행할 때만 공인으로 간주되며 그 이외의 행위는 사인(私人)으로서 행하게 된다. 천황은 국회 개회식에 출석하여, 삼권(三權)의 장이나 중·참양원의원(衆·參兩院議員) 앞에서 개회사를 하도록 되어 있다. 이 행위에 대해서는 일찍이 1946년에 내각법제국과 국회가 적법하다고 판단했다(『衆議院先例集』 등).

천황의 행위에는 국사행위와 상징행위가 있다. 우사미 다케시(宇佐美毅) 궁내청 차장의 국회 답변에 따라 이 두 행위가 공적 행위라는 것은 정부의 공식견해로 간주되었다(Kenneth J. Ruoff, 앞의 책). 헌법상 천황의 행위에 대해 헌법학자들 사이에서 논의가 심화됐다. 오늘날 다시 황족의 공무 자세에 대한 논의가 이루어지고 있으나, 천황의 이세신궁(伊勢神宮)참배나 교코(行幸)는 사적(私的)행위로 간주됐다(長谷川正安, 「象徴の法的意味内容について」).

천황이 즉위할 때 거행되는 행사 중 중요한 의식인 대상제(大嘗祭)가 있다. 궁중 제사의 대부분이 메이지 때 창시되었는데, 황실재정의 핍박으로 단절기간이 있었다고는 해도 대상제는 예로부터 중요한 전통으로 거행되어 왔다. 대상제는 천황즉위의 요건으로 간주되었다고 할 수 있다.

여기에서 말하는 전통은 단순히 형태를 보존하는 것이 아니라, 사카모토 다카오(坂本多加雄) 가쿠슈인대학(学習院大学) 교수가 지적했듯이 "지금까지 내려온 형태의 본질이라 생각하는 부분을 그때그때마다 해석을 통하여 확인하고, 새로운 형태를 부여하여 활성화를 꾀하는 일이다"(『象徵天皇制度と日本の來歷』). 최근 황위 계승을 둘러싼 논의 가운데 남계의 유지를 주장하는 전통중시파가 황실의 전통에 대해 잘못 생각하는 것은 전통에 혁신이 있을 수 있다는 인식이 결여되어 있기 때문이다.

1950년대에는 상징천황의 지지자로서 게이오기주쿠(慶應義塾) 학장인 고이즈미 신조(小川信三)가 주목을 받았다. 고이즈미는 후쿠자와 유키치(福澤諭吉)의 『帝室論(제실론)』에 입각하여 상징천황제의 의의를 논한다. 후쿠자와의 사상은 전후에 자유주의적인 것으로 간주되는 반면, 『脫亞論(탈아론)』이 전전 일본 식민지 정책의 정통이 되었다는 인식이 사라지기까지는 오랜 시간이 걸렸다. 동궁직참여(東宮職參與)가 된 고이즈미는 황태자 시기의 헤이세이 천황에게 적지 않은 영향을 주었다. 후쿠자와의 군주론은 영국을 모델로 하면서도 일본 황실의 역사와 전통을 중시여겼다. 고이즈미는 일본 고유의 군주상을 그린 후쿠자와의 사상에 이끌려 상징천황이 마땅히 가져야 할 모습을 모색했다고 할 수 있다.

1955년 사회당의 통일에 자극을 받아 보수합동에 의한 자유

민주당이 탄생했다. 자민당의 강령에 헌법 개정이 명기되어있었기 때문에 하토야마 이치로(鳩山一郎) 내각은 헌법 개정의 깃발을 높이 들었다. 당내에는 헌법조사회가 설치되어 오늘날까지 개헌을 둘러싼 논의가 활발하게 진행되고 있다. 상징천황제의 존재형태도 다루어지고 있어 천황을 국가원수로 삼을지 그 여부에 대한 논의도 이루어졌다(『自由民主黨 憲法調查會資料』). 여전히 전쟁의 괴로운 경험을 공유하고 있었던 일본 국민들은 천황을 국가원수로 삼는 것에 찬성하지 않았다.

최근의 황위 계승 문제에서도 헌법 제1조는 다시 주목을 받았다. 제1조에는 '천황의 지위'는 "주권이 존재하는 일본 국민의 총의에 기반한다"라고 규정되어 있다. 제1조 후반부에 보이는 이 규정은, GHQ 민정국을 뒤에서 조종한 소련(코민테른)의 의중이 반영되어 있다는 설도 있다. 일본국 헌법에는 상징천황제와 국민주권이 공존한다. 이것을 모순으로 보는 견해도 있다. 널리 알려진 바와 같이 왕실을 가진 대부분의 나라는 헌법에 주권재민을 강조하지 않는다.

천황 원수론을 둘러싸고 헌법학자들 사이에서는 지금도 의견이 나뉜다. 헌법 제7조가 규정하는 천황의 대외적 대표권은 인증과 접수라는 지극히 형식적인 것이지만, 외국의 대사와 공사의 신임장은 천황을 수신인으로 한다(大沢秀介, 『憲法入門』). 이러한 실상을 근거로 천황을 국가원수로 간주하는 학설도 존재한다.

어쨌든 천황에게는 정치적 권능이 전혀 없으며, 각료 등의 인증은 형식적 의미에 지나지 않는다. 인증관 대다수도 내각이 임명하기 때문에 천황의 인증에 정치적 의미는 전혀 없다. 이것은 어디까지나 헌법에 규정된 천황의 국사행위의 일환이다. 그러나 헌법이 정하는 천황의 국사행위에는 마치 천황을 원수로 간주하는 것처럼 보이는 내용이 포함된다.

단, 위와 같이 애매한 부분이 있다고 하더라도 천황의 행위는 현실적으로 국민의 지지와 천황의 권위에 의해 널리 용인되고 있다고 할 수 있다.

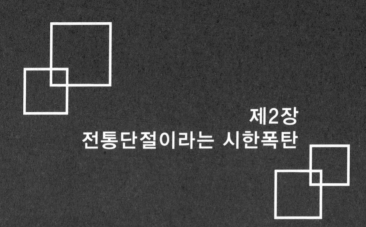

제2장
전통단절이라는 시한폭탄

「독백록」과 GHQ의 의도

　필자가 첫 미국 유학에서 귀국한 뒤 얼마 지나지 않은 1990년 가을, 각 신문에서는 일제히 쇼와 천황의 「獨白錄(독백록)」을 발견했다고 보도했다. 「독백록」은 일찍이 궁내청 비상근 공무원을 지냈던 데라사키 히데나리(寺崎英成)가 보관하고 있던 기록이다. 이 기록에는 패전 다음해 봄에 쇼와 천황이 측근 5인에게 밝힌 회고담이 남아있다. 이 기록은 현재 문고판으로도 나와 손쉽게 읽을 수 있다.

　물론 정치사를 전공한 필자는 기록의 사료적 가치에 신경이 쓰였다. 쇼와사에 정통한 하타 이쿠히코(秦郁彦)는 「독백록」이 도쿄 재판에 대한 대책으로 작성된 것이라고 지적했다(『昭和天皇獨白錄』). 쇼와사 전문가로 뛰어난 업적을 거둔 히토쓰바시 대학의 요시다 유타카(吉田裕)는 『木戸幸一日記(기도 고이치 일기)』 등의 쇼와 천황과 관계있는 사료를 비교했을 때, 「독백록」의 사료적 가치가 결코 높지는 않다고 평가했다(『昭和天の終戦史』). 확실히 이 기록이 작성되었던 때는 천황제의 존속 여부가 애매한 시기였으며, 이 기록이 설령 쇼와 천황의 육성을 전달하는 귀중한 기록이라

하더라도 그 배후에는 GHQ나 일본 정부의 의도가 숨겨져 있다고 봐야 할 것이다.

주지한 바와 같이 연합국 중에는 영국이나 오스트레일리아처럼 쇼와 천황을 전범으로 간주하고 군사법정으로 끌어내어 그의 전쟁 책임을 추궁하려는 나라도 있었다. 맥아더는 천황의 면책을 대일 점령 통치의 승부수로 인식하고 있었지만, 일본으로서는 극동위원회 등의 배려가 필요했다. 왜냐하면 천황·맥아더 회담 직전에 이 위원회가 "천황은 전쟁 범죄인"이라는 견해를 표했기 때문이다(吉田裕 ほか 『敗戦直後』).

GHQ의 의중도 있었고, 일본 정부에서도 천황을 위한 변명이 필요하다고 생각하여 「독백록」을 작성하고자 했던 것은 아닐까. 게다가 이 시기에 천황 퇴위론이 잇달아 표명되었던 점도 무시해서는 안 된다. 히가시쿠니노미야(東久邇宮)나 미카사노미야(三笠宮)의 퇴위론은 천황을 굉장히 동요시켰다(『芦田均日記』).

당연히 GHQ는 천황의 전쟁 책임을 전제로 한 퇴위론에 당황했다. 미국인 조셉 키난(Joseph Berry Keenan) 수석 검사는 천황의 면책을 지향하고 있었기 때문에, 일본 국내에서 튀어나온 퇴위론에 놀라움을 감출 수 없었다. 오스트레일리아의 맨스필드 검사는 천황의 기소를 요청했지만 이는 기각됐다.

객관적인 정보에 입각하여 페라즈(Bonner Fellers) 준장은 1946년 3월 6일 요나이 미쓰마사(米内光政)와 회담하고 도조에게 모든 책임을 떠맡겨 천황제를 옹호하려는 방침을 표명한다(吉田, 앞의 책). 필자가 페라즈의 발언에서 주목한 점은 "15년, 25년 후에 일본에 천황제가 존재할지 아닐지, 또 천황 개인이 어떻게 될지에 대해 관심은 없다"라고 한 부분이다. 이 발언에서 GHQ의 본심이 드러난다.

GHQ는 점령 통치의 원활한 추진을 위해 천황제의 이용 가치를 찾아낸 것에 지나지 않았다. 소련은 일본에서 공산주의 혁명을 꾀했기 때문에 이에 방해가 되는 천황제의 제거를 노리고 있었다. 미소 갈등의 결과로 헌법 제1조에 기초한 상징천황제가 창출되었으나, 여기에서 중요한 점은 미소 양국이 장래에 천황제가 소멸하리라는 것을 용인하고 있었다는 부분이다.

반복하여 말하지만 일본 국민은 헌법 제1조와 황실전범에 '황통 단절이라는 시한폭탄'이 장치되어 있다는 역사적 사실에 더 주목해야 한다. 2005년 즈음에 한창 논의되었던 황위 계승 문제, 황실전범 개정 문제에는 이러한 시점이 빠져 있다. '남계인가, 여계인가'에 논의가 집중되었을 뿐, 상징천황제와 황위의 세습제를 주축으로 삼는 황실법의 구조적 모순에 주목하지는 않았다. 상징천황제와 주권재민을 포함하는 헌법 제1조의 모순에 대해서도 재검토할 필요가 있다.

무엇보다도 당시 일본 정부는 천황의 면책에만 전력을 쏟았을 뿐 헌법까지 충분히 살펴보지는 않았다. 궁중에서는 이미

1945년 말 무렵부터 도쿄 재판에 대한 대책 수립이 개시된다. 궁중의 동향에 대해서는 기노시타 미치오(木下道雄)의 『側近日誌(측근일지)』에 상세히 명시되어 있다. 같은 해 12월 4일의 조항에는 천황 앞에서 전쟁 책임자에 대한 논의가 전개되었던 사실이 기록되어 있다. 이 무렵 천황은 극도로 육체적·정신적 피로에 시달리고 있었다(『入江相政日記』). 그럼에도 불구하고 천황은 「독백록」의 작성에 몰두했다.

도쿄 재판이 열리기 전에 국제 검사국의 수사가 진행되고 있었는데 일본 측 관계자는 대부분 협력적인 태도를 취했다. 기도 고이치 전 내대신 같은 사람은 자신의 일기를 스스로 미국 검사에게 제출했다. 이러한 정보를 기초로 검사국은 피고 선정이나 입증 작업을 유리하게 진행할 수 있었다(粟屋 憲太郎, 「東京裁判への道」). 검사측 증인으로 활동한 다나카 류키치(田中隆吉)가 보여준 협력적인 자세는 조금 정도가 지나쳤던 것처럼 보인다. 다나카는 이른바 '내부 고발'을 한 셈이지만 그가 의도했던 바는 '상부에 책임이 미치는 것'을 피하는 데 있었다고 한다(『田中隆吉著作集』).

도쿄 재판 개정 이후 처음으로 맞닥뜨린 고비는 1947년 말에 날아든 도조의 증언이었다. 도조는 일본 신민은 천황에 반대할 수 없다는 뜻을 진술하여 마치 천황의 전쟁 책임을 인정하는 것처럼 보였다. 당황한 키난 수석검사는 천황의 면책을 내세우는 다카마쓰노미야(高松宮)를 배후에서 지원하는 마쓰다이라 야스마사(松平康昌) 등을 통해 도조를 설득하기 위한 공작을 펼쳤다(『昭和天皇の終戦史』). 결국 도조는 1948년 초, 법정에서 이전의 증언을 철회한다.

궁중은 오로지 천황의 출정(出廷)을 저지하기 위해 정보 수집에 몰두한다. 다행히 키난 수석 검사 주변에서 정보를 얻어 천황에게 출정을 요청할 방침이 없다는 점이 판명됐다. 국제 검사국 내부에서는 여전히 천황의 기소를 요구하는 의견도 있었지만, 수뇌부의 천황 면책론은 흔들리지 않았다. 맥아더는 천황의 기소는 물론, 퇴위를 요구하는 의견도 무시했다.

쇼와 천황의 변명

일본 정부는 맥아더나 키난의 의견을 접한 이후에도 여전히 의심을 품고 두려워했다. 모든 부분에서 반일적인 자세가 보였기 때문이었다. 이에 「독백록」을 통해 변호할 필요성을 절실히 느끼게 되었다. 특히 일본의 군사행동에 천황이 어떻게 관여했는지에 관한 정치적인 자세를 명확히 해 두는 편이 상책이라고 생각했던 것 같다.

1928년 장쭤린 폭살사건에서 쇼와 천황이 당시 다나카 기이치(田中義一) 수상에게 사표 제출을 독촉했던 것은 잘 알려진 사실이다. 「독백록」에 의하면 천황은 이를 계기로 "나는 내각이 상주하는 바에 대해, 비록 내가 반대 의견을 갖고 있다고 해도 재가를 내리기로 결심했다"라고 한다. 그렇다면 반대로 다나카 내각까지는 천황이 정부의 방침에 참견했다는 점을 스스로 인정하는 꼴이 된다.

천황은 스스로 거부권 발동을 자제하게 되었다며 입헌군주로서의 자신의 입장을 강조했다. 이는 정부와 통수부의 통일된 견해를 존중하고 태평양 전쟁의 개전도 인정했다고 말하고 싶었을 것이다. 그러나 메이지 헌법 하의 천황은 대원수였으며, 제도상으로도 정책결정에 관여하는 위치에 있었다. 기도 등이 지적했던 대로 쇼와 천황은 실제로 내각의 상주 내용과는 다른 의견을 주장하고 있었다(『木戶幸一日記』).

문제의 다나카 내각 총사직에 대해 요시다 유타카는 『牧野伸顯日記(마키노 노부아키 일기)』를 근거로 내대신이나 시종장 등의 측근이 다나카의 퇴진을 둘러싸고 사전에 의사를 통일했던 것에 주목했다. 「독백록」은 천황이 다나카 수상에게 한 발언이 거부권 발동이 아니라 '충고'였다고 변명한다.

요시다는 천황 자신의 적극적인 의사표시가 다나카 내각을 총사직하도록 몰아넣었다고 해석하고 있다. 그러나 이 사실을 정치학적으로 본다면 측근 집단이 쇼와 천황을 정치적으로 이용했던 것은 아닐까. 적어도 천황의 발언을 "천황 자신의 적극적인 의사표시"라고 하는 것은 적절하지 않다.

그렇다면 누구에게 전쟁 책임이 있는가? 「독백록」에서 주목되는 사람은 역시 고노에와 도조이다.

쇼와 천황은 "고노에는 신념과 용기가 없어서 전쟁을 회피할 수 없었다"고 평가했다(『昭和天皇独白録』). 고노에는 미일관계가 난관에 빠졌을 때에도 여전히 타개책을 모색하고 있었다(『木戸幸一日記』). 「독백록」에서 천황은 평화적 해결을 위한 고노에의 노력에 상당히 냉담했다. 「독백록」은 고노에의 전쟁 책임을 분명하게 추궁한다.

한편, 「독백록」에서도 천황은 도조에 호의적이다. 천황이 좀처럼 도조의 퇴진을 요청하지 않았던 이유는 다른 사람으로 교체하기 어려웠기 때문이라고 설명한다. 실제로 천황과 도조는 일심동체였기 때문에 도조의 전쟁 책임을 추궁한 천황을 면책하기란 매우 어려운 일이다. 요시다는 이것을 '최대의 약점(weak point)'이라고 지적한다(『昭和天皇の終戦史』). 실로 말 그대로 '최대의 약점'이었다.

「독백록」에서도 확인할 수 있는 것은 천황이 군사정보에 대해 자세히 알고 있었다는 점이다. 이렇게 정확도가 높은 정보를 바탕으로 천황은 군인 등의 인사에 참견했다. 「독백록」의 신빙성을 높이기 위해 황족과 정치가의 실명을 들며 신랄한 비판도가했다. 그것만으로도 이 기록의 공개는 복잡한 반향을 불러왔고, 한편으로는 쇼와 천황의 이미지를 훼손하게 되었다.

주목받던 중일전쟁에 대해 천황은 때마다의 상황에 맞추어 판단을 내렸다. 결과적으로 천황의 판단에는 일관성이 없었다. 「독백록」에서 볼 수 있는 천황은 군령부 총장과 참모총장, 거기에 최전선의 지휘관에게 명령했다고 '독백'했다. 여기에서 스스로 전쟁 책임을 인정하고 있는 것이다.

최근에도 용의자가 수사관에게 진술하면서 동시에 변호사가 수사기관에 신청서 제출을 권하는 경우가 있다. 실은 이러한 행위가 정반대의 결과를 가져올 수도 있다. 「독백록」에도 이러한 위험성이 다분하다. 통수 사항에 대해 천황이 대원수로서 육해군의 작전을 지도했다는 사실을 부정하기는 어렵다(山田朗, 『昭和天皇の戦争指導』).

역시 「독백록」은 쇼와 천황의 면책을 요구하는 변명서로 보는 것이 타당할 것이다.

도쿄 재판의 빛과 그림자

도쿄 재판은 거의 미국의 시나리오대로 진행됐다. 친영미파인 시데하라와 와카쓰키 레이지로(若槻礼次郎)와 같은 중신들은

'군부가 일으킨 전쟁'이라는 입장에서 증언했다. 이 법정은 이른바 미국이 그린 역사관을 정당화하는 장으로 변했던 것이다. 미국이 군국주의자와 온건한 정치지도자를 대립시킨 일은 주지의 사실이다. 전자에는 군인과 우익정치가, 후자에는 외교관과 중신, 재계인이 포함된다(荒井信一, 『第二次世界大戰』).

미국은 일정한 시나리오를 토대로 온건파 정치가를 증인으로 세웠고, 키난 수석검사에게 진행을 맡게 했다. 재판은 1946년 5월 3일에 개정되었으며 판결은 1948년 11월 12일에 내려졌다. 개정 초기에는 긴장감이 높았으나 판결은 싱거웠다. A급 전범 용의자는 모두 불기소되었다(粟屋憲太郎, 『東京裁判への道』). 재판 후반기에는 극동에서도 미소냉전이 본격적으로 시작되었기 때문에 이 영향도 컸다.

현재 도쿄 나가타초(永田町)의 국립 국회도서관 헌정자료실에는 미국 공문서관이 소장한 국제검찰국의 도쿄 재판 관계문서 사본이 보관 및 공개되고 있다. 그 일부는 아와야(粟屋) 등에 의해 편집, 간행되었으며 사료가치가 높은 자료도 포함되어 있다.

도쿄 재판의 주도권은 미국이 쥐게 되었다. 당초에는 연합국 간의 협조도 배려하고 있었다(日暮吉延, 『連合国の極東主要戦争犯罪裁判に関する基本政策』). 그러나 재판의 운영은 GHQ가 해야 한다는 판단이 대세로 자리잡았다. 뉘른베르크 재판을 경험한 잭슨 판사를 위시한 이들은 일본의 전쟁재판을 신속히 진행하기 위해 맥

아더의 리더십에 기대를 걸었다. 미국 국무성도 맥아더에게 도쿄 재판의 운영을 맡긴다는 방침을 굳혔다.

맥아더는 진주만 공격에 대한 미국 국민의 의식을 배려하여, 재판 서두에서 도조 내각 각료들의 책임을 추궁할 단독재판 심리를 구상했다. 그러나 미국 국무성은 도쿄 재판에서 재판해야 하는 것이 '평화에 대한 죄'라고 보았기 때문에 맥아더의 구상을 부정했다. 맥아더는 도조내각이 선전포고를 하지 않고 기습공격했던 사실을 국제법에 비추어 재판한 뒤 신속하게 판결을 내리고자 했다. 맥아더는 진주만공격이 미국 국민들의 반일감정에 호소한다는 것을 충분히 알고 있었지만 국무성의 국제재판 방침을 무시할 수는 없었다. 뉘른베르크 재판은 4개국만으로 진행되었다. 그러나 도쿄 재판에서는 미국이 연합국의 뜻을 충분히 헤아리기 위해 11개국의 참가를 요청했다. 그렇지만 소련과 오스트레일리아는 미국 주도의 도쿄 재판에 비판적이었다. 소련은 도쿄 재판의 헌장에 이의를 제기했지만 미국이 끈질기게 절충에 나서 양국의 참가를 이끌어냈다. 연합국에 의한 국제재판이 개시되기 전에 일본 국내에서는 자주재판이라는 구상이 검토되고 있었다. 패전 직후, 군사법정에서 전쟁범죄에 관계했던 군인의 행정처리가 진행됐다. 일본 정부는 일사부재리의 원칙을 염두에 두고 연합국에 의한 재판을 피하고자 했다(細谷千博 他編, 『東京裁判を問う』). 시데하라 내각 무렵, 반드시 주목해야 할

칙령안이 정부 내에서 검토됐다(国立国会図書館憲政資料室所蔵, 『牧野伸顕文書』). 그 내용은 평화주의에 입각한 천황을 배신하고 침략행동으로 치달은 자를 엄격하게 처형하는 규정이었다. 이 규정에는 사형 등 무거운 형량이 포함되었는데, 일본 정부가 적당히 형을 집행하도록 방치한다면 도쿄 재판을 미국의 시나리오대로 진행하는 과정에 장애물이 될 수 있었다. 사태를 우려한 GHQ는 1946년 3월, 일본 스스로 전쟁범죄를 추궁하는 것을 금지한다(細谷千博 他, 앞의 책). 미국 국무성이나 맥아더가 이끄는 GHQ도 모두 쇼와 천황의 면책을 통해 천황제를 유지하겠다는 방침을 고수하고 있었다는 의미이다. 1946년 1월 25일, 맥아더는 아이젠하워 미 육군 참모총장에게 전보를 보내 증거불충분으로 천황은 무죄이며, 전범의 대상이 되지 않는다는 뜻을 전한다. 국무성, 육군성, 해군성으로 이루어진 3성조정위원회는 맥아더의 보고를 기다린 후 천황의 소추 여부를 결정한다는 방침을 가지고 있었기 때문에 천황이 전범이 되는 사태는 대체적으로 회피할 수 있었다(『東京裁判への道』).

그러나 연합국 사이에서는 여전히 천황의 전쟁 책임을 묻는 목소리가 높았다. 미국 총합참모본부는 1946년 1월 22일, 오스트레일리아가 쇼와 천황을 전범 목록에 올렸음을 맥아더에게 전했다. 그 3일 후에 맥아더는 아이젠하워에게 천황 무죄론을 타전한다.

맥아더가 천황을 점령 통치에 최대한 이용하려고 생각했다는 점은 반복해서 서술해왔는데, 이와 동시에 그는 천황을 소추하면 일본이 혼란에 빠져 대규모의 군대나 관료를 파견해야 할 것이라고 본국에 전했다. 맥아더의 방침이 각처에 매우 큰 영향을 준 것은 틀림없다. 그러나 검사국에는 천황 소추를 주장하는 검사들도 있었다. 키난 수석검사는 천황 면책론을 일관되게 주장하며 검사국의 의견을 통일하기 위해 전력을 다했다. 뉘른베르크 재판 헌장에는 '국가 원수'도 전범이 될 수 있다고 규정되어 있다. 이 조문이 도쿄 재판에도 적용되었다면 천황의 소추를 피할 수 없었을 것이다. 하지만 도쿄 재판의 헌장에는 국가원수라는 글자는 보이지 않는다. 요시다는 이를 단정하여 "천황의 면책을 위해 키난이 깔아놓은 포석"이라고 추측하고 있으나 사료적 근거는 없다. 하지만 키난도 맥아더의 강한 영향 아래에 있었기 때문에 그러한 가능성은 있다(吉田裕, 『現代歷史學と戰爭責任』). 연합국 가운데 천황의 소추를 요청한 것은 오스트레일리아뿐이다. 오스트레일리아의 맨스필드 검사는 천황의 죄상으로 '평화에 대한 죄'와 '인도에 대한 죄'를 지적했다. 오스트레일리아는 천황을 포함한 소추자 리스트에 고발문서까지 첨부했다. 고발문에는 "제국헌법의 규정에는 선전, 강화, 조약체결의 권한이 천황에게 있으며 침략전쟁을 인가했다"라든가, "개전을 허가했기 때문에 그 자체로도 책임이 있다"라고 적혀있다. 오스트레일리아는 계속해서 천황 소추론을 견지하고, GHQ나 국제검사국 등 맥아더의 영향이 미치는 기관을 피해 워싱턴의 극동위원회에 그 의견을 제출했다.

중국이나 소련도 천황의 소추를 요구했다는 말이 있는데 과연 그러할까? 중국 국내의 경우 일본의 침략전쟁으로 인한 상처 때문에 천황 소추론을 주창하는 목소리가 높아지고 있었던 것은 확실하다. 하지만 장개석은 일본의 공산주의화를 우려해 천황의 소추를 보류했다. 소련은 전쟁 범죄인의 처벌에 적극적이었지만 천황은 전범에서 제외됐다. 천황의 소추 보류를 결정했던 것은 스탈린이다. 스탈린은 국제정세를 끝까지 지켜보고 도쿄 재판을 포함해 대일점령정책의 주도권을 미국에 위임하는 방침을 취했다.

연합국의 뜻을 배려하여 국제검사국은 천황을 소추하지 않기로 결정했다. 미국의 대일점령정책, GHQ의 방침에 입각한 판단이었다. 연합국 가운데 굳이 이 결정에 이론(異論)을 제기하는 나라는 없었다. 아마도 소련은 GHQ 민정국에 코민테른의 공작이 미치고 있었다는 것을 근거로 최종적인 판단을 내렸다는 견해도 있다. 이렇게 쇼와 천황의 전쟁 책임은 불문에 부쳐졌다.

이로써 쇼와 천황의 면책은 확정됐지만, 여전히 천황의 전쟁 책임을 묻는 국제여론은 쉽게 진정되지 않았다. 국제여론의 동향이 일본 국내에도 보도되었기 때문에 일본의 여론에 영향을

줄까 염려되었다. 일본 정부는 국제여론을 근거로 삼아 GHQ의 의중에 신경을 곤두세웠다. 외무성을 중심으로 GHQ의 방침을 확인하기 위해 정부는 우왕좌왕했다. 그러던 중 천황의 퇴위를 요구하지 않는다는 맥아더의 언질을 얻어낸 것이다(高橋紘·鈴木邦彦, 『天皇家の密使たち』).

정부와 궁중이 모두 안심한 것도 한순간이었다. 1945년 말 GHQ가 전범 용의자 체포에 착수했기 때문이다. GHQ는 기도와 고노에 등 천황의 측근은 물론, 황족에게도 손을 뻗쳤다. 나시모토노미야(梨本宮)가 전범으로 체포된 사실에 궁중은 크게 흔들렸다. GHQ는 나시노모토노미야를 체포한 이유로 원수로서 군국주의에 권위를 부여했다는 점을 들었다(『東京裁判への道』). 황족이라고 하더라도 전범용의자는 체포를 피할 수 없다는 GHQ의 강경한 자세가 명확히 드러난 것이다.

1945년 9월 이후, 수차례에 걸쳐 전범용의자들이 체포되어 스가모와 오모리 구치소에 수감된다. 나시모토노미야를 비롯하여 스가모 형무소에 구속된 A급 전범 용의자는 며칠 만에 석방된 경우도 있었으나, 긴 경우 3년 이상 구치소 생활을 해야만했다.

그 가운데에는 전범용의자가 된다는 치욕을 견디지 못하고 자살하는 이들도 적지 않았다. 특히 많은 사람의 관심을 모았던 사건은 고노에의 자살이었다. 고노에는 GHQ로부터 헌법초안의 기초를 의뢰받았기 때문에 본인은 전범이 되지는 않을 것이

라 생각한 부분이 있었다. 그러나 GHQ는 이런 고노에에게 출두를 요구했고, 그는 충격을 받아 자택에서 음독자살을 시행한다(瀧川政次郎, 『東京裁判をさばく』).

나시모토노미야의 석방에 힘을 쓴 것은 키난 수석검사였다. 키난은 참모 제2부와 법무국 등 관계부서에 나시모토노미야의 조기석방을 위해 힘썼다. 키난의 노력은 결실을 맺었으며, 나시모토노미야의 석방 방침이 일본 정부에 비밀리에 전해졌다. 일본 정부는 여전히 천황 전범론을 경계했기 때문에 정보 수집에 여념이 없는 상황이었다.

일본 정부는 천황의 처우를 둘러싼 GHQ의 방침을 확인하기 위해서 천황의 간접적인 증언을 제공하는 것이 필수적이라는 인식을 보였다. 일본 측의 정보제공자는 이미 「독백록」에 등장한 궁내성 비상근 공무원 데라사키밖에 없었다. 데라사키는 직무상 알 수 있었던 천황의 발언을 모건 GHQ수사과장에게 제공했다. 그 결과 데라사키는 맥아더의 군사비서인 페러즈로부터 중요한 정보를 얻는다. 맥아더가 "천황을 전범으로 삼아서는 안 된다"라고 본국에 타전했다는 것이었다(『東京裁判への道』). 물론 궁중은 데라사키가 가져온 정보를 접하고 매우 기뻐했다.

쇼와 천황이 도쿄 재판에서 피고석에 앉지 않았다는 사실은 여러 반향을 불러일으켰다. 메이지 헌법이 규정하는 천황대권과 대원수의 지위로 볼 때, 쇼와 천황은 전쟁 수행상 최고책임

자였다. 그럼에도 불구하고 천황이 소추되지 않는다면 책임 소재가 애매해질 수밖에 없었다. 실질적으로 전쟁을 지휘한 참모본부 관계자들도 전범에서 제외된다(五十嵐武士, 北岡 伸一 編,『争論 東京裁判とは何だったのか』).

계속되는 '전후 체제(regime)'

도쿄 재판의 판결 내용을 진실로 받아들여 일본이 수행한 전쟁은 명확히 침략 전쟁이고, 과거 일본이 저지른 행위를 악(惡)으로 여기는 역사관을 '도쿄 재판 사관'이라고 부르는 사람도 있다(冨士信夫,『私の見た東京裁判』). 한편, 아라이 신이치(荒井 信一)가 말한 것처럼 '도쿄 재판 사관'이라는 것을 전쟁으로 가는 여정을 "극단적인 군국주의자와 온건한 정치지도자의 대항축으로 보는" 역사가도 있다.

마루야마 마사오(丸山眞男)는 일본에서 스스로 전쟁을 일으켰다는 의식이 결여되어 있다는 점과 전쟁지도자가 취한 상황추종적인 태도를 지적하고, 천황제가 무책임한 체계였다는 점을 갈파했다(丸山眞男,『超国家主義の論理と心理』,『丸山眞男集』).

전쟁이 끝난 지 30년이 지나자, 주로 보수정치가 가운데서 도쿄 재판을 비판하는 목소리가 높아졌다. 그 가운데서도 아베 신조(安倍晋三)수상의 조부이며 '쇼와의 괴물'이라고도 불렸던 기시 노부스케(岸 信介) 전 수상의 발언이 주목받았다.

기시에 따르면, 미국을 중심으로 한 연합국의 초기 대일 정책의 기본은 전쟁 책임을 모두 일본 국민에게 짊어지게 하고 패전의 괴로움과 굴욕을 자업자득이라고 수용하게끔 하는 데 있다. 이를 위해서는 승자가 패자를 심판하는 '쇼'(show)로서 도쿄 재판이 불가결했다는 것이다. 기시는 초기 점령정책의 주안점이 '일본인 정신구조의 변혁', '도덕(moral)의 파괴'였으며, 그 집대성은 신헌법 외에 무엇이 있겠느냐고 단언했다(『岸信介回顧録』).

조부인 기시의 주장에 공감한 아베 수상은 '도쿄 재판사관'을 불식하고자 "전후 체제로부터 벗어나기"를 내세우며 헌법 개정에 본격적으로 착수했다. 역사교과서의 편향을 비판하고, 이른바 '자학사관'의 불식을 외쳐온 아베 수상의 역사 인식은 기시의 유산으로 봐야 한다. 나카소네 야스히로(中曽根康弘) 전 수상도 일찍이 '전후정치의 총결산'을 내세우며 도쿄 재판 사관을 비판한 바 있다.

다카무라 마사노리(中村政則)가 지적한 대로 '도쿄 재판 사관'을 비판하는 것은 우익세력 등의 편협한 국가주의를 고취하기 위한 이데올로기의 하나라는 점은 틀림없다. 그러나 이것을 가지고 곧바로 '비학문적'이라고 단정 짓는 것은 타당하지 않다(『昭和史研究と東京裁判』).

적어도 정치학적으로는 큰 의미를 가지고 있다고 해야 한다. 아베 수상은 2007년 여름 참의원 선거의 공약으로 헌법 개정을 내세우고, 쟁점화하려는 구상을 표명했다. 그러나 각종 여론조사에서 나타났던 것처럼 대다수의 국민은 아베 수상의 주장에 관심을 보이지 않았다. 그 배경에는 여전히 '도쿄 재판 사관'이 널리 받아들여지고 있으며, 국민 의식이 '전후 체제'에서 벗어날 수 없었기 때문은 아니었을까.

대다수의 국민, 즉 청년층은 확고한 역사관을 가지고 있지 않다. 대전(大戰)의 의미를 이해하며 정확한 현대사를 생각하려 하지 않는 일본의 역사교육은 크게 일그러져 있다. 확고한 역사관을 가지지 않는 현대 일본인은 자신이 서 있는 위치를 알 수 없게 된 상황이다. 이 뿌리 부분이 견고하지 않기 때문에 일본의 외교나 안전보장정책에 대한 국민의 태도가 애매해지고 일본인 스스로가 국가의 진로에 대한 확실한 의식을 가질 수 없는 것이다.

다만 다행인 것은 후지와라 마사히코(藤原正彦)가 쓴 『국가의 품격』이 베스트셀러가 되었으며, 여전히 많은 일본인이 올바른 국가관을 모색하고 있다는 사실이다. 정부도 이러한 위기의식을 이해하고, UN 상임이사국 진입을 목표로 삼아 기타오카 신이치(北岡伸一) 도쿄대학 대학원 법학정치학 연구과 교수를 UN 차석대사와 중일역사교육의 상호이해를 위해 동원하는 등 근현대사의 중요성을 충분히 받아들여 궁리하기도 한다.

맥아더가 장치한 시한폭탄

미국과 소련의 의도는 복잡하게 얽혀있었지만, 결국 소련은 대일점령통치를 미국에 맡겼다. 맥아더는 본국의 의향을 고려하면서 독자적인 판단을 내렸다. GHQ민정국은 헌법초안의 기초에 착수하고 있을 때, 이른바 '맥아더 노트(맥아더 3원칙)'를 제시하여 입헌군주제의 채용과 화족제도의 폐지를 명했다. 입헌군주제의 모델은 물론 영국이었지만, 영국왕실의 주위에는 대규모 귀족사회가 존재했고, 끊임없이 왕위 계승에 필요한 인재들로 채워져 있었다. 이에 반해 맥아더 노트는 일본에 화족제도 폐지를 요구했다. 쇼와 천황의 형제인 직계왕족, 즉 지치부노미야(秩父宮), 다카마쓰노미야(高松宮), 미카사노미야(三笠宮)만을 남겨두고 11궁가 51명이 황적에서 이탈하게 된다. 그리고 전쟁 전까지 천황제를 보위하던 화족이 소멸했다. 이것이야말로 미국과 소련이 승인한 천황제폐지의 시나리오였으며, '황통 단절'이라는 시한폭탄은 맥아더에 의해 주도면밀하게 장치된 것이다.

동시에 측실제도도 공식적으로 폐지된다. 다이쇼천황(大正天皇) 때부터 측실제도는 폐지 논의가 제기됐고, 쇼와 천황도 "인륜에 어긋난다"라고 하며 측실을 두지 않았다. 측실제도가 있어 서자(비적출자)의 황위 계승 자격을 인정하던 시기에도 황위의 계승은 상당히 위태로웠다(앞의 졸저, 『歷代天皇総覧』, 동 『女帝誕生』).

신 황실전범도 구 황실전범을 답습하여 '남계의 남자'에게만 황위 계승 자격을 한정했기 때문에 황위 계승은 더욱 어려운 구조가 되고 말았다. 그럼에도 불구하고 전후 긴 시간동안 황통 단절의 위기가 표면화되지 않았던 것은 민간에서 시집온 미치코 황후에게서 2명의 친왕이 태어났기 때문이다.

하지만 2001년 12월 아이코 내친왕(愛子内親王, 헤이세이 천황의 딸) 탄생 무렵부터 아키시노노미야(秋篠宮, 현 천황의 동생)의 탄생에 이르기까지 40년 넘게 황실에 남자의 탄생이 없는 것을 우려하는 목소리가 높아졌다. 당시 황족으로 9명의 내친왕과 여왕이 존재했지만 남자황족의 탄생이 없었으므로 궁내청도 은밀하게 황위 계승의 안정화를 위하여 황실전범의 재검토를 진행했다. 언론도 빠짐없이 여성 천황논의를 다뤘다. 여론조사 결과에서 많은 국민이 여성 천황을 용인하고 있는 것으로 판명됐다.

이러한 동향에 입각하여 2004년 말, 고이즈미 수상은 황실전범개정에 착수하겠다는 방침을 굳혔다. 곧 총리의 사적인 자문기관으로 '황실전범에 관련된 유식자 회의'가 발족되었다. 유식자 회의의 멤버인 게이오기주쿠대학 이와오 스미코(岩男寿美子) 명예교수가 유럽어 잡지 『ジャパンエコー(JAPAN ECHO)』에서 지

적한 것과 같이 유식자 회의에서 논의한 것은 7~8년 전부터 검토되어왔던 궁내청안이다.

패전 후 반세기가 지나자 마침내 정부는 이 일의 중대함을 깨달았다. 유식자 회의의 논의에 관해서는 5장에서 상술하겠지만, 10개월에 걸친 신속한 심의로 보고서를 정리하여 2005년 11월에 고이즈미 수상에게 제출되었다. 수상은 연초에 개막하는 통상국회에 황실전범 개정 법안을 제출하겠다는 뜻을 내비친다.

수상관저에는 황실전범개정준비실이 설치되고 궁내청에서 이 문제에 정통한 전 관리부장을 내각심의관으로 관저에 보냈다. 관저의 준비실에서는 내각총무관을 중심으로 보고서에 따라 법안의 종합작업이 진행됐다.

그러나 2006년 2월 7일 중대한 뉴스가 날아들었다. 같은 날 오후 2시가 조금 지난 시각, NHK가 아키시노노미야 기코비(秋篠宮의 비)의 회임을 속보로 전한 것이다. 예산위원회에 출석한 고이즈미 수상은 비서관으로부터 메모를 건네받고 놀란 표정을 숨길 수 없었다. 관저로 돌아간 수상은 당시 관방장관이었던 아베 신조 등과 협의하여 이윽고 황실전범 개정 법안 제출 보류를 표명한다. 그리고 같은 해 초가을에 기코비가 히사히토 친왕(悠仁親王)을 출산하자 황위 계승 문제는 덮어두게 됐다.

점령기에 GHQ는 황실의 약체화(弱體化)를 노리고 황위 계승 제도뿐만 아니라 황실의 재정제도에도 손을 대고자 했다. GHQ

경제과학국은 황실재산 동결을 목표로, 황실재정의 조사에 적극적으로 나섰다. 그리고 일찍이 1945년 10월 말 GHQ는 황실재산을 공표한다.

황실재산은 현금, 유가증권, 토지, 삼림, 건물만으로도 약 15억 9천만 엔에 이르렀다(『敗戦前後』). 오타베 유지(小田部雄次)에 의하면 천황과 황후 및 다카마쓰노미야는 국민을 위해 보석류의 매각을 기노시타 미치오(木下道雄, 쇼와 천황 시종)와 논의했다고 한다(『側近日誌』). 궁내청도 이 문제를 둘러싸고 분주하게 움직여, 시데하라 수상에게 일임하기로 결정했다.

그러는 사이 GHQ는 일상지출 이외의 전 재산을 동결할 것을 명령한다. GHQ의 지시에 따라 재산세 납세 후 남은 모든 황실재산은 국유재산으로 환원됐다. 황실관계의 세비에는 천황가의 생계에 해당하는 내정비, 다른 황족의 경비인 황족비, 궁전 관리 등을 처리하는 궁정비가 있었으며, 국가예산에 계상되어 국회의 심의를 거치는 구조가 구축됐다(高橋紘, 『天皇家の仕事』).

이미 서술한 바와 같이, 미국은 맥아더 원수를 통해 천황제의 '단기적 옹호, 장기적 폐지와 단절'을 꾀하고 있었다. GHQ는 주도면밀하게 '황통 단절이라는 시한폭탄'을 준비했다. 현행의 황실전범은 구조적인 결함을 포함하고 있기 때문에 이대로 황통의 안정적 존속을 바라는 것은 불가능하다.

'만세일계' 이데올로기

교토대학의 나카니시 데루마사(中西輝政)는 화제가 된 자신의 책에서 "태평양 전쟁에서 일본은 패배했지만, 일본인은 훌륭하게 국체, 천황을 지켜냈다"라고 주장했다. 또한 "천황제와 민주주의의 공존공영이라는 국가체제를 확보하고, 황위 계승자의 확보를 확실하게 함으로써 '만세일계'를 지켜내는 것이 중요하다"라고 논한다(『日本人としてこれだけは知っておきたいこと』).

그 취지에는 대체로 찬성할 수 있으나 과연 현대 일본인이 '만세일계'를 지켜낼 필요가 있는 것일까. 메이지 정부는 현인신(現人神, 사람의 모습으로 이승에 나타난 신)인 천황의 권위를 충분히 활용하여 천황제 국가의 완성에 매진했다. '만세일계'는 메이지 국가의 이데올로기에 지나지 않는다.

전후 일본이 민주주의 국가가 될 수 있었던 것은 일본국 헌법에 '국민주권(주권재민)'이 명확하게 명문화되어 있기 때문이다. 그리고 그 주권자인 국민들은 상징천황제를 강력하게 뒷받침한다. 천황제와 민주주의의 공존을 부정하는 법률학자도 있지만 대부분의 국민은 상징천황제와 일본식 민주주의가 잘 공존하고 있다고 보고 있을 것이다.

헌법 제2조에는 황위의 계승에 대해 "황위는 세습되는 것으로, 국회가 결의한 황실전범이 정하는 바에 의하여 이것을 계승한다"라고 명문화되어 있다. 점령기의 일본 정부는 어떻게든 황실의 자율성을 확보하기 위해 황실전범을 의회로부터 분리하고자 노력했으나, 이는 황실전범을 일반 법률과 같은 형태로 신헌법의 하위법으로 두고자 한 GHQ에 의해 거부당했다(앞의 졸저, 『女帝誕生』). 그리하여 제2조는 헌법안의 다른 영역인 비지(飛地)가 되었던 것이다.

필자도 천황제를 지지하며, 그 영원한 존속을 강력히 바라고 있다. 남계남자론을 덮어놓고 배제할 생각 같은 것은 애당초 없다. 남계 남자에 의한 황위 계승이 진정한 황실의 전통이고, 그 것을 존중하는 것이 천황제의 존속과 연결되는 것이라면 반대할 이유는 없다. 그러나 현실적으로 남계 남자에 의한 계승에만 집착한다면 황통의 존속이 위태롭다.

남계론자들 중에서 여성·여계 천황 용인론자를 '천황제 해체론자'라고 가볍게 선전하는 사람이 있다. 적어도 필자는 여성·여계 천황을 용인하는 것이 어째서 천황제의 해체로 이어지는 것인지 이해하기 어렵다.

애당초 황위 계승론에 이데올로기를 끌어들이는 것 자체가 실로 넌센스라고 할 수 있다. 일본의 언론계에 여전히 잔존하는 '오른쪽 아니면 왼쪽'이라는 사고는 너무나 지나치게 단순하다.

나카니시 씨는 태평양 전쟁(그는 대동아전쟁이라고 한다)에서 결사 항전하면서 일본인이 필사적으로 마지막까지 '지켜냈던' 천황제를 "우리가 후세에 전하지 않으면 도대체 어떻게 하나"라며 독자들에게 열렬히 호소한다(中西, 앞의 책). 이렇게 중요한 것이라면 당연히 '황위 계승자의 확보를 확실하게 하는' 방법을 구체적으로 제시할 필요가 있다. 이 책의 내용에 입각하면, 그는 남계유지를 주장하고 구황가의 황적 복귀를 제창하고 있는 것 같다.

그러나 이 경우 진무 천황(神武天皇, 초대 천황)에서 오늘날의 천황까지의 계보를 남계계승으로 파악한다면 왜 남계에 의한 황위가 계승되어 왔는지 역사적으로 명백하게 설명하고 입증할 책임이 있다. '남계계승의 전통'이라는 표현에서는 '전통'이라는 단어 뒤에 숨어 황위 계승의 본질에서 눈을 떼려는 태도를 읽어낼 수 있다.

뒤에서도 이야기하겠지만, 구 황족의 복귀에는 여러 가지 어려운 문제가 산적해 있다. 황통유지의 한 방책으로 분명 견지해야 할 견해이지만 주권자인 국민의 이해를 얻는 것이 쉽지 않고, 나카니시가 말하는 20명의 후보자가 자유가 없는 궁정 생활을 바랄 것인지의 여부도 확실치 않다.

궁내청이 지적하듯이, 현행 황실전범은 구 황족의 복귀를 상정하고 있지 않다. 이 방책은 전후 점령기가 끝나고 일본이 독립을 확보한 시점에서 정치적으로 단행해야 할 조치였다. 반세기 이상이나 방치했기 때문에, 이미 현실적인 선택사항은 아니다. 중국에서는 분명히 혁명에 의해 왕조가 교체된 역사가 있으나 일본에서는 역성혁명이 일어나지 않았다고 보는 것이 '만세일계'의 의미이다. 고대사 연구자 사이에서는 게이타이조(継体朝) 등을 예로 들며 왕조 교체를 인정하는 학설이 뿌리 깊게 자리 잡고 있다.

다시라카히메의 존재에 주목하여 지방호족이 야마토 조정을 정복했다는 견해도 있다. 『日本書紀(일본서기)』와 『古事記(고사기)』에 나타난 게이타이의 출생은 갑작스럽기 때문에 믿기 어렵고, 오키나가우지(息長氏)가 끼어들면서 나타난 조작이라고 봐야할 것이다. 게이타이의 출생에 대해서는 여전히 여러 가지 설이 있으며, 최근에는 오하시 노부야(大橋信弥)의 연구가 특히 주목할 만하다(『継体天皇と即位の謎』). 『日本書紀(일본서기)』와 『古事記(고사기)』가 각별히 부레쓰 천황(武烈天皇)의 악행을 논한 점도 황통 단절을 시사하고 있다고 볼 수 있다(『象徴天皇の発見』).

공화제라면 괜찮은 것인가

나카니시 씨는 오래전부터 일본국 헌법 제1조를 기초하는데 미소 양국이 관여하여 앞부분은 미국이 그리고 뒷부분은 흔히 '혁명의 수출국'으로 평가받는 소련이 분담했다고 지적했지만 실증되지는 않았다. 소련이 제1조의 뒷부분인 "이 지위(천황의 지위-필자)는 주권이 속하는 일본 국민의 총의에 기초한다"라고 삽입했다는 것만으로 천황제 폐지를 가능케 했다고 판단하기는 어렵다.

제정 러시아와는 달리 역사적으로 볼 때 천황제는 일본문화에 깊이 뿌리내려 있다. 천황제는 전후에도 일관되게 국민의 열렬한 지지를 받았으며, 천황을 경모하는 국민의 마음이 사라진 적이 없었다. 헌법 제1조 뒷부분의 규정은 오히려 그 입법취지와는 반대로 상징천황제를 강화하는 작용을 하고 있다고 할 수 있을 것이다(앞의 졸저, 『女帝誕生』).

'천황제'라는 단어도 매우 주의하여 취급해야 한다. '천황제'라고 하면 곧바로 코민테른의 테제와 연결시켜 좌익용어라고 보는 경향이 있다. 이를 싫어하는 보수파 학자 가운데는 '천황제도'라고 하는 용어를 일부러 사용하는 이도 적지 않다. 필자는 이데올로기에서 자유로운 입장이므로 '천황제'라는 표현을 사용한다.

2006년 최대의 경사였던 히사히토 친왕의 탄생으로 국민여론이 다시금 천황계승의 위기가 사라졌다고 착각하는 듯 하다. 이것은 위험하다. 궁내성 장관 회견을 기다릴 것도 없이 구조적 결함을 품은 황실전범은 또다시 방치될 가능성이 높다. 친왕 탄생이라는 기쁜 소식을 접한 아소 다로(麻生太郎) 전 외무대신은 "황실전범 개정 논의는 40년 전의 이야기가 되었다"라고 공개적으로 단언했다. 이미 대다수 정치가들이 이러한 인식밖에 가질 수 없다고 한다면 문제가 방치될 것은 분명하고, 궁내성만 고립될 수밖에 없다.

히사히토 친왕의 탄생은 우리에게 황위 계승의 존재 방식에 대해 생각할 시간을 주었으며 이 시간을 낭비하는 것은 허락되지 않는다. 아마 히사히토 친왕이 즉위하기 전에 아이코 내친왕과 궁가의 내친왕, 여왕들이 차례차례 황적을 이탈하고 대부분의 궁가가 소실되는 사태는 충분히 상정할 수 있다. 내친왕들은 현행 황실전범에 따르면 15세가 되면 황적 이탈의 의사표시를 할 수 있다.

40년 만의 친왕 탄생으로 당면한 황통 단절을 피할 수 있었던 것은 아키시노노미야라는 궁가가 존재했기 때문이다. 새삼스럽지만 궁가의 존재 의의를 재인식할 수밖에 없다. 옛 궁가의 황적 복귀든 여성 궁가의 창설이든, 황통의 존속을 꾀하기 위해서는 적정한 규모의 궁가의 확보가 필수적이다. 그렇지 않으면 안정적인 황위 계승은 기대하기 어렵다.

고이즈미 내각 아래 설치되었던 유식자 회의는 긴 세월의 연구 성과인 궁내청안을 시안으로 했다고는 하나 논의가 지나치게 졸속으로 이루어졌다. 매스컴이나 논단도 남계냐 여계냐 여부로 문제를 축소시키고 만다. 다시금 '상징천황제 하에서 황위 계승의 방식'에 대해 충분히 시간을 가지고 냉정히 논의해야 할 것이다.

맥아더가 설치했던 시한폭탄은 정부가 문제를 방치하면 장래에 반드시 폭발하고 황통은 단절될 것이다. 일본 정치와 행정은 위기관리에 취약하다고 한다. 이는 황위 계승을 규정하는 황실전범의 경우에도 적용된다. 전후 일본은 용케도 이런 위험한 법률을 반세기 이상이나 존속시켜 온 것이다. GHQ가 설치한 기폭장치는 하루라도 빨리 없애야 한다.

소수의 의견이지만 천황제가 붕괴된 후에 공화제로 이행하면 좋을 것이라는 견해도 있는데, 필자는 이에 반대한다. 천황제는 일본인의 정신적 지주이며, 일본이 위기에 직면하는 시기에 국가, 국민 통합의 상징으로 천황이 충분히 스스로가 가진 기능을 발휘할 수 있을 것이라고 기대하기 때문이다. 이는 이미 일본의 역사가 증명해 왔다.

필자는 대학원생 시절, 사회의 계몽에 열정을 쏟았던 나카무라 가쓰노리(中村勝範) 교수를 직접 만났다. 나카무라 교수는 일본, 일본인에게 천황제가 가진 존재의식을 명쾌히 논했다. 태정관(太政官)제의 연구부터 천황제의 연구로 나아가던 필자에게 위기에 직면한 일본에서 천황제의 역할에 대한 나카무라 교수의 가르침은 그 후 크나큰 확신이 되었다. 일본은 막부 말기·메이지 유신의 위기, 제2차 세계대전의 패전으로 인한 위기를 천황제를 버팀목으로 삼아 극복했던 것이다.

이처럼 일본의 귀중한 역사적 재산인 천황제를 소중히 지켜 내야만 한다. 그러기 위해서라도 되풀이하여 말하지만 장래를 전망하면서 '맥아더가 설치했던 시한폭탄'을 안전하게 처리해 야만 한다. 헌법 제1조에 근거하여 많은 모순을 담은 황실전범 의 개정을 신중히 검토할 필요가 있을 것이다(앞의 졸저, 『女帝誕生』). 히사히토 친왕이나 아이코 내친왕의 제왕교육을 생각해 본다면 사실 의외로 시간적 여유가 많지 않다.

전통으로 유지되는 상징천황제

일본에는 서구의 기독교와 필적할 만한 정신적 권위를 가진 종교가 없다. 권력을 유지하기 위해서는 정신적 권위가 반드시 필요하다. 설령 노골적인 폭력을 구사하여 정권을 획득했다고 하더라도 물리적인 강제력으로 정권을 유지하는 것은 매우 어 려운 일이다. 우선 비용이 지나치게 많이 든다. 그러므로 정권 에 정통성을 부여할 정신적 권위가 필요하다.

메이지 헌법의 기초에 심혈을 기울였던 이토 히로부미(伊藤博 文)도 일본에는 국가의 기축이 되어야 할 종교가 없다는 사실을 인정하고, 황실이 국민의 정신적 지주가 되기를 강하게 희망했 다. 메이지 헌법이 천황을 신성불가침으로 표방하고 교육칙어가 천황을 도덕의 원천으로 삼은 까닭이다(앞의 졸저, 『天皇親政』).

헌법 조사를 위해 서구에 간 이토는 일본에서 모든 권력을 정당화할 수 있는 또는 부정할 수 있는 기독교의 대체물은 황실의 전통밖에 없다고 생각했다. 따라서 현인신으로서의 천황을 정신적 권위의 근거로 삼았던 것이다. 일찍이 고대 이래 공가 정권, 무가 정권이 모두 천황을 정치적·종교적 권위로서 추앙해 왔다.

현행 헌법 제6조에 따르면, 내각총리대신과 최고재판소 장관의 임명권은 천황에게 있다. 이어서 제7조에는 천황의 국사행위가 규정되어 있는데, 국무대신이나 정부 고관의 임명·파면에 천황의 승인을 요구한다. 일단 내각의 조언과 승인을 조건으로 삼고 있지만 헌법의 개정이나 법률, 정부령(政令), 조약의 공포도 천황의 국사행위에 포함된다. 현대에도 여전히 일본의 최고 권력은 천황의 권위를 필요로 하고 있다는 것을 알 수 있다.

혁명을 거쳐 탄생한 공산주의 국가에서는 이러한 의례가 없다(中西, 앞의 책). 소련은 그 중 으뜸가는 예이다. 일찍이 일본 헌법 제1조의 성립 과정에서 본 것처럼, 예컨대 "주권이 존재하는 일본국민의 총의" 아래 "천황의 지위"를 둔다고 해도 천황제 폐지로 귀결되지 않는다는 것은 분명하다. 일본에서는 장기간에 걸친 황실의 전통이 존재하며, 상징천황제는 널리 국민의 지지를 받고 있기 때문이다.

고이즈미 내각은 발족 당초, 수상공선제를 목표로 하고 사사키 다케시(佐々木毅) 도쿄대 총장 등을 중심으로 심의회를 개최한다. 수상공선제의 도입은 사실상 일본의 정치 시스템을 의원내각제에서 대통령제로 이행케 하는 행위로 이어지는 것이며 천황제와의 관계를 재구축해야할 필요가 있다. 애초부터 국가원수의 문제는 심각한 국면을 맞이하게 된다. 필자는 수상공선제에는 찬성할 수 없다. 상징천황제를 유지하면서 의원내각제를 존속시키는 편이 안정된 사회를 구축할 수 있다고 생각한다.

황위 계승 문제에 대해 고이즈미 내각은 여론의 지지를 배경으로 여성·여계 천황 용인 방침을 취했다. 아베 내각은 황실전범의 개정은 뒤로 제쳐두었고 아베는 정치가의 한 사람으로써 남계·남자론의 입장이었다.

이제 전후세대가 대부분인 일본 국민은 올바른 역사관을 공유할 수 없게 됐다. 고령화의 파도는 서서히 국민의 불안을 증대시키고 있다. 대부분의 국민은 연금, 고용, 간호, 임금 등 생활밀착형 정책에만 눈을 돌리고 있으며, 국가관에 관계된 교육기본법이나 헌법 개정 등 이념형 정책을 선호하지 않는다. 이러한 경향으로 인해 기존의 정당에서 이탈하는 현상이 가속화됐고 무당파 층의 동향이 선거결과를 크게 좌우하게 됐다. 매스컴은 무슨 일이 있을 때마다 정치와 돈 문제를 크게 보도하기도 해서 국민의 정치 불신은 상상 이상으로 뿌리가 깊다.

우려할 만한 상황과 관계없이 황실에 대한 국민의 관심은 여전히 높다. 재해 현장 위문에서도 총리대신과 천황 또는 황후에게 보이는 피해자의 반응 차이가 크다. 천황과 황후의 방문에 피해자가 눈물을 흘리는 장면도 흔히 보인다. 황실은 이미 우리 국민에게 더할 나위 없이 소중한 재산이다.

종신제와 제사

국민의 재산인 황실을 지키기 위해 정부는 전력을 투입해야 한다. 황실전범의 개정에서 논의해야 할 것은 황위 계승의 형태뿐만 아니라, 구 황실전범 이래 고정된 천황 종신제를 재고해야 할 필요가 있다(앞의 졸저, 『歷代天皇総覧』).

원래 양위의 실시는 그 유명한 다이카 개신(大化改新)의 서막이 된 을사의 변(645년 나카노오에 황자가 소가씨를 몰아낸 궁정 쿠데타)이 계기가 됐다. 개신 정권의 발족에 따라 황위에는 고교쿠 천황(皇極天皇) 대신 고토쿠 천황(孝德天皇)이 오른다. 이는 최초로 천황 생전에 양위된 사례이다. 스이코 천황(推古天皇)의 재위 기간이 길어지자 그 사이에 많은 황위 계승자들이 타계했다. 옛날부터 황위 계승에서는 종신제가 답습되어 왔다. 그러나 종신제의 관행은 스이코조(推古朝)와 같은 폐해를 가져왔고, 세대교체를 방해했다(졸저 『天皇と官僚』).

최근 고대사 학계에서는 '을사의 변'의 목적이 양위의 관행을 창출하는 데 있었다는 학설도 있다(遠山美都男, 『大化改新』). 지토 천황(持統天皇)은 가장 사랑하는 자식인 구사카베 황자(草壁皇子)를 잃었기 때문에 손자인 몬무 천황(文武天皇)에게 양위하고 스스로 태상천황이 되어 후견인 역할을 완수한다. 여기에 양위제가 정착되자, 황위 계승에 정치적 배려가 더해진다.

헤이안 시대가 되자 태상천황, 즉 상황(上皇)이 가진 권력이 천황의 권력을 능가하여 원정이라는 정치 형태가 탄생했다는 사실은 잘 알려져 있다. 시라카와 상황(白河上皇)에 의해 원정이 개시되고 '하늘을 다스리는 군주'로서 가부장권을 통해 정치권력을 장악하자, 상황이 내린 선지가 천황이 내린 논지보다 우월한 입지를 차지하게 된다. 원정의 장기화는 현저한 천황 권력의 해체를 초래했다(앞의 졸저, 『歷代天皇総覧』).

이러한 역사적 경험을 근거로 하여 메이지 시대에 황실전범이 제정된다. 구 황실전범은 야나기와라 사키미쓰(柳原前光, 다이쇼 천황 백부)가 원안을 작성하고 이노우에 고와시(井上毅, 문부대신)가 첨삭을 가한다. 조문의 최종결정자는 이토 히로부미이다. 야나기와라와 이노우에는 구 황실전범에 양위제를 더할 뜻이 있었지만 이토는 두 사람의 의견을 내치고 종신제를 추가했다. 현행 황실전범의 황위 계승부분은 구 황실전범을 답습했다. GHQ의 뜻도 반영되어 신 황실전범도 종신제를 채용했던 것이다(앞의 졸저, 『女帝誕生』). 만년, 병상에 누운 쇼와 천황은 연일 병상의 위중함이 있다고 보도되었지만 퇴위는 불가했다.

천황과 황후는 공무뿐만 아니라, 메이지 이후에 대폭 추가된 궁중 제사도 지내왔다. 특히 천황과 황후는 이러한 제사에 대단히 열심이었다. 오래 전부터 조정에서 거행되어 온 의식이나 관습에 기반을 둔 <황실령>이 단계적으로 책정됐다. 이 가운데 주목해야할 것은 1908년에 성립된 <황실제사령>이다. 이 법령에는 구체적으로 전통적인 궁중 제사의 절차가 제시되어 있다. 오늘날에도 여전히 궁중삼전이나 역대 천황의 산릉 등에서 거행되는 궁중 제사의 대다수는 이 <황실제사령>에 따른다. 형식적으로 일단 전후에 폐지되어야 했을 '구령(舊令)'이지만, 여전히 쇼와 천황과 헤이세이 천황이 궁중 제사를 거행할 때는 이 법령이 준거가 된다.

이 외에도 황실의 동향은 이른바 '표면'에 해당하는 궁내청의 차장이 국회에서 보고하도록 되어있다. 궁내청 관계예산은 당연히 예산위원회에서, 그 외의 사항에 대해서는 사전 통고에 따라 해당위원회에서 답변하게 된다. 단, 황실전범은 궁내청이 아니라 내각관방의 담당이기 때문에 질의응답이 실행되는 것은 중의원과 참의원 양원의 내각위원회이다(宮内庁広報係).

미치코 전 황후가 말한 것처럼 '기도'야말로 황실 최대의 역할이다. 천황과 황후는 물론 국민의 평화와 안녕, 오곡 풍작을 위해서 기도하고 있는 것이다. 그렇지만 대제, 소제, 순제(旬祭) 등의 제사는 천황과 황후가 고령이 되면 너무나 큰 부담이기 때문에 재고의 여지가 있다. 게다가 대다수의 국민은 궁중삼전에서 행해지는 제사의 실태를 거의 모르고 있다. 매스컴에 의한 촬영이나 보도도 규제되고 있기 때문에 일반국민이 궁중 제사를 모르는 것은 당연한 일이다.

전통을 경시할 생각은 조금도 없지만, 메이지 시대에 시작한 제사의 대부분은 천황의 신격화가 목적이기 때문에 오늘날 궁중 제사의 근본적인 재검토·경감이 당연히 고려되어야 할 것이다. 궁중 제사는 굉장히 많은 수에 이르고 있으며, 일 년 내내 행해지고 있다. 현행 헌법 아래에서 궁내 제사는 어디까지나 사적 행위로 여겨지기 때문에 궁내청을 비롯해 정부도 사태를 타개하기 위해 움직일 수 없다.

이처럼 궁중 제사의 위치가 사적 행위로 정해져 있기 때문에 제사에 관한 비용의 상당 부분이 천황가의 사적인 경비에서 마련되고 있다는 점도 잊어선 안 된다. 제사에 동원된 장전(掌典) 등 관계자의 인건비는 사적 경비인 내정비에서 지급되고 있다. 그것은 바로 헌법 제20조에 정교분리원칙이 강조되어 있기 때문이다. 황실비를 규정한 황실경제법의 재검토를 요청하는 목소리도 높아지고 있으나, 이 문제는 매우 어렵다고 말할 수 있다.

전전(戰前) 대일본제국헌법에는 제66조에서 황실경비에 대해 국고지출과 제국의회의 협찬을 필요로 하지 않는다는 규정이 마련되었다. 그 때문에 황실의 재정자주권이 확립된다. 동시에 황실의 사유재산은 구 황실전범에 의해 '황실재산'으로서 자율성을 존중받았다. '황실재산'은, 국유재산이나 사유재산과 명확하게 구별되어 있던 것이다(宮沢俊義, 『全訂 日本国憲法』).

앞서 보았듯이 패전 후 GHQ에 의해 황실재산은 일단 동결되었고, 이후 공공재산으로 분류된 것은 국고에 헌납되었으며, 사유재산으로 간주되는 것들에는 재산세가 부과됐다. 이러한 GHQ의 확고한 방침을 전제로 황실경제법이 입법화됐다. 황실전범의 입안에는 관용적인 태도를 보였던 GHQ도 '황실재산'의 해체에 대해서는 강고한 자세를 유지했다(『皇室経済法』『日本立法資料全集』).

우여곡절 끝에 성립된 황실경제법은 모순이 있다. 일상적인 황실의 지출은 공금인 궁정비로 간주되는 반면, 종교적 색채를 띤 제의는 내정비에서 지출되고 있다. 전자에서 적당히 가감하는 것은 궁내청의 판단에 따른다. 본래 천황가의 생활비인 내정비에서 궁중 제사에 관련된 경비까지 마련되고 있다는 것은 확실히 이상하지만, 헌법이 정하는 정교분리원칙에 반하는 황실경제법의 개정은 곤란하다.

상징천황제를 항구적으로 유지하기 위해서는 황실의 전통과

국민의 지지가 불가결하다. 또 황실의 전통이란 무엇인지 깊이
생각해야 한다. 전후의 일이지만, 일찍부터 쇼와 천황은 황실의
전통을 '무'(武)가 아닌 '학문'(學問)에서 구했다. 황실의 중요한
전통인 궁중 제사도, 재정상의 이유 때문에 남북조시대처럼 대
상제 조차 지내지 않았던 시대도 있었다.

계승해야 할 것은 전통의 본질이다. 본질만 잃지 않는다면
전통은 혁신할 수 있다. 황실의 신비성 자체에 눈을 빼앗기지
말고, '일본 국민의 총의'를 기반으로 하는 상징으로서의 천황
이 존재할 방식을 모색해야 할 것이다.

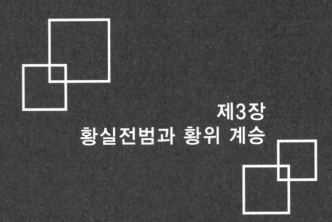

제3장
황실전범과 황위 계승

관습법으로서의 황위 계승법

　메이지 시대 중엽에 구 황실전범이 성립될 때까지 일본에는 황위 계승과 관련한 성문법이 존재하지 않았다. 다시 말해서 에도 시대까지는 그 시대 특유의 황위 계승에 대한 관습법이 당시의 정치권력과의 미묘한 관계로 성립되어 있었다(앞의 졸저, 『歷代天皇総覧』).

　가령 고대 일본의 황위 계승은 직접 계승이 아니라 세대 내 계승이 주류를 이뤘다. 『古事記(고사기)』와 『日本書紀(일본서기)』가 전하는 고대 천황의 수명과 재위 연수는 그대로 믿을 수 없다. 그렇다면 친자 간의 황위 계승은 어린 천자가 나올 가능성이 높아진다. 그렇기 때문에 세대나 연령이 중시되었으며 자연히 세대 내 계승이 이루어지게 됐다(졸저, 『天皇と官僚』).

　나라 시대(奈良時代)는 고대에서도 특이한 시대로 아시아의 패권국가인 당(唐)제국의 영향을 강하게 받았다. 이 시대에는 기본법으로서 율령이 적극적으로 수용되었다. 일본은 중국으로부터 율령법을 충실히 받아들였다. 그러나 가장 중요한 중앙통치기구는 일본 고유의 것으로 변형했다. 당이 삼성제(三省制)를 채용한 것과는 달리 일본에서는 태정관제로 일원화했다. 이는 중국의 황제는 전 왕조를 물리친 현실의 패자로 존재한 것과 달리 일본의 천황은 정치적, 종교적 권위를 가지고 있었기 때문이었다. 일본에서는 실질적으로 태정관이 정책을 결정하고 천황이 이를 권위화하는 구조로 되어 있었다(졸저, 『日本行政史序説』).

다이카 개신 때문에 알려진 나카토미노(中臣 후에 후지와라) 가마타리(鎌足)는 오미 조정(近江朝廷, 소가씨)의 불온한 공기와 장래에 대한 전망을 감안하여 차남 후히토(不比等)를 도래계 씨족이었던 다나베(田辺) 가문에 맡겼다. 다나베 가문은 원래 기록 관리 등을 맡은 집안으로 학문의 수준이 높았고 해외의 사정에도 정통했다. 이 도래계 씨족의 집에서 후히토는 어린 시절부터 한서를 배워 뛰어난 중국 전문가가 됐다. 진신의 난(壬申の乱, 672)으로 어지러웠던 시절, 후히토는 오미 조정에 있었지만 겨우 14살이었던 까닭에 처형을 면할 수 있었다(앞의 졸저, 『女帝誕生』).

덴무 천황(天武天皇)이 황족에게만 정권에 참가할 수 있도록 제한을 둔 극단적이기까지 한 황친정책을 추진했던 것에 반해, 지토 천황(持統天皇, 덴무 천황의 황후)은 신하도 정치에 참가할 수 있는 길을 열었다. 남편인 덴무는 진신의 난의 패자(覇者)이며, 동국(東国)의 중소 호족층을 중심으로 압도적인 지지를 획득한다. 덴무에게는 한나라 고조와 견줄만한 카리스마가 있었다. 오오아마(大海人, 덴무)군이 적색의 군기를 치켜들었던 것을 보면 오오

아마 스스로도 한나라 왕조를 강하게 의식하고 있었음에 틀림없다(遠山美都男, 『壬申の乱』).

아스카키요하라노미야(飛鳥清美原宮)에서 덴무가 붕어하자, 4년 정도의 칭제(천황의 부재 시, 황후나 황태자가 대정을 총람하는 것)를 거쳐 지토가 즉위했다. 지토는 황위에 즉위하자, 즉시 조정을 호족에게 개방했다. 지토는 분명히 덴무의 황후였지만, 동시에 덴지의 딸이기도 하다. 그 때문에 진신의 공신들을 무시하고 살아남은 오미 측 신하와도 적극적으로 교류했다. 그 중에 후히토의 존재도 있었다. 지토가 걸출했던 능력을 가진 후히토에게 주목하기까지 이렇다 할 시간은 필요하지 않았다. 오미의 후히토 세력은 오히려 손자인 가루 황자(軽皇子)의 황위 계승에 저항할 것이 틀림없는 덴무계의 황자나 진신의 공신들에게 대항하는데 의지가 됐다(利光三津夫·笠原英彦, 『日本の官僚制』).

사랑하던 아들 구사카베 황자의 요절로 인해 일단 실의의 수렁을 맛본 지토였지만, 다시 구사카베의 유복자이자 손자인 가루 황자의 황위 계승을 열망하게 된다. 이러한 지토의 의중을 살펴보면 후히토는 실권의 장악을 대가로 구사카베 직계의 황위 계승을 지지했던 것이다. 당시의 모범국이었던 당나라가 직계 계승이었던 것도 후히토에게는 다행이었다. 중국화 되어가는 시대의 흐름은 후히토에게 순풍이 되었다고 할 수 있다.

<아스카키요미하라령(飛鳥浄御原令, 일본최조의 법전)>제의 확립과

함께 태정관제의 정비가 진행됐다. 통치 체제가 재편되면서 천황은 정치적·종교적 권위가 되었으며, 실제 정치는 태정관 아래의 관료조직이 분담하게 된다. 새로운 지식이 요구되는 율령의 편찬 작업이 본격화되자 후히토나 도래계 씨족들을 중심으로 한 실무관료층의 비중이 늘어나게 됐다(졸저, 『天皇と官僚』).

지토 조정의 때에는 후지와라쿄(藤原京, 나라현)로 천도가 단행됐다. 천도 2년 후 덴무계의 황자들과 협조했던 것을 고려하여 남겨두었던 태정대신 다케치 황자(高市皇子)가 타계했다. 이 사태로 의해 황위 계승자 선정회의(皇嗣選定會議)가 개최된다. 지토가 '왕공경사(王公卿士)'를 모아 개최한 이 회의의 모습은 일본 최초의 한시집인 『懷風藻(카이후우소)』에 의해 후대에 전해지고 있다.

회의에서는 의외로 의견이 갈렸다. 이러한 가운데 가도노 왕(葛野王)의 발언이 사람들의 이목을 끌었다. 왕은 직계 계승하는 것이야말로 일본 고래의 국가법이라고 발언했던 것이다. 가도노 왕이 진신의 난 패배자인 오오토모 황자(大友皇子)의 후손인 만큼, 이 발언은 심각하게 받아들여졌음에 틀림없다. 그 자리에서 덴무의 황자 중 한 사람인 유게 황자(弓削皇子)가 반박하였으나 가도노 왕은 일괄하여 이를 방어했던 것으로 여겨진다(앞의 졸저, 『女帝誕生』).

앞서 말했던 대로 일본의 전통적인 황위 계승은 기본적으로 세대 내 계승이다. 가도노 왕의 발언은 역사적 사실과 반대되는 억지 주장이라고 해야 할 것이다. 그러나 "형제 사이에서 황위 계승을 둘러싸고 옥신각신하게 되면 내란으로 발전한다"라는 왕의 말은 어쨌든 진신의 난을 떠오르게 하여 설득력을 가졌다. 또는 세대 내 계승을 직계 계승으로 바꾸려고 했던 덴지(天智 天皇)의 구상을 회의 참석자들이 이해하고 있었을지도 모른다. 이 회의에서 '불개상전'(不改常典, 고치지 않고 항상 전범으로 삼는다) 자체는 등장하지 않으나, 덴지의 구상은 지토의 뜻에 따라 겐메이(元明 天皇, 덴지 천황의 황녀) 즉위의 선언에 삽입되었던 것으로 보인다.

덴무 계통의 사람들 손으로 편찬된 『日本書紀(일본서기)』에는 특히 진신기(壬申紀)를 만들어서 시대의 전환에 대한 인상을 강하게 주고 있다. 덴무의 즉위로 대왕은 신격화된 천황으로 되살아난다. 도오야마 씨가 지적한 대로 오오아마는 덴지 천황이 오오토모 황자를 옹립한다는 구상을 최후 단계에서 거절한다(『壬申の 亂』). 후에 덴무의 황후가 된 지토는 남편인 오오아마를 따라 요시노로 도망갔다. 그리고 진신의 난에서 승리한 오오아마가 즉위하면서 덴무의 조정이 시작되자 황후에 올라 천황의 배후에서 그 정치를 뒷받침했다.

지토 조정은 덴무 조정의 연장이 아니다. 내정, 외교, 인사의 모든 측면에서 새로운 기축이 세워진다. 황위 계승의 규정에서는 남편 덴무가 아닌 아버지 덴지의 방침을 채용하여 아들 구사카베, 그 손자 가루 두 황자에게 직계 계승을 추진하고자 한다. 위에 서술한 황자 선정 회의에서 가도노 왕의 발언에 지토는 큰 용기를 얻었을 것이다.

지토의 간절한 소원이 실현되었던 것은 697년의 일이다. 같은 해 2월에 가루 황자가 태자로 정해지고 8월에 마침내 지토가 양위함으로써 몬무 천황(文武天皇)이 즉위했다. 몬무 천황의 즉위을 명한 문서에는 후지와라 후히토(藤原不比等)의 공적을 칭송하고 있다. 후히토는 머지않아 우대신으로 승격됐다. 지토는 양위 이후 역사상 최초로 태상천황이 되어, 손자인 몬무를 후견하는 역할을 맡게 됐다(『日本書記』, 『続日本紀』).

후히토는 딸 미야코(宮子)를 몬무 천황의 부인으로 입궐시켰다. 이윽고 미야코는 오비토 황자(首皇子, 쇼무 천황)를 출산한다. 그리고 후히토와 아가타이누카이노미치요(県犬養 三千代) 사이에서 태어난 아스카베 공주(安宿姫)가 오비토 황자에게 시집을 가서 고묘시(光明子, 코묘황후)가 된다. 이와 같이 나라 시대에 후지와라 씨는 천황의 외척으로서 권세를 휘두르게 된다. 몬무는 미야코를 포함하여 세 명의 비가 있었지만 황후를 둘 수 없었다. 후히토는 율령 규정을 조작하여 신하의 딸을 황후로 세우지 않고 오비토 황자를 지키면서 직계 계승의 원칙을 만들어 외척인 자기 가문의 발전을 교묘하게 추진했다(倉本一宏, 『奈良朝の政変劇』).

후히토 등 후지와라 씨는 외척의 지위를 보전하기 위해 몬무로부터 오비토 황자에 이르기까지 황위 계승을 획책했다. 그

러나 오비토 황자가 어렸기 때문에 바로 즉위시키는 것은 무리였다. 그래서 중간에 있는 천황으로 겐메이, 겐쇼 2대의 여제를 옹립하게 된 것이다. 직계 계승을 강하게 요구했던 지토 태상천황과 강경한 외척정책을 전개한 후히토의 이해관계가 보기 좋게 일치했던 것이다. 후지와라 씨는 이 노선을 사수하고 다른 덴무계의 황자나 씨성을 배척하여, 쇼무조정(聖武朝)을 실현시키고 후히토의 혈통을 이은 고묘시를 황후로 삼는 것을 목표로 삼았다(졸저, 『天皇と官僚』).

그러나 가장 곤란했던 것은 말할 것도 없이 겐메이 여제의 즉위이다. 아무리 직계 계승을 실현하기 위해서라고 하더라도 자식이 어머니에게 황위 계승을 정통화하기는 쉽지 않았다. 756년 「東大寺献物帳(도다이지 헌물수첩)」에 기록에 따르면, 황위 계승의 중개역할은 후히토가 위임받았다. 겐메이의 즉위를 명령한 문서에는 직계 계승을 정통화하는 '불개상전(不改常典)'이 포함되어 있어 직계 계승은 쇼무 천황의 업적으로 꾸며진다.

직계 계승의 시대

초기 진무 천황부터 시작하여 13대에 걸쳐 이루어진 황위 계승이 직계로 이루어진 것은 상고 시대 천황의 사적을 기록한

『古事記』와 『日本書紀』가 나라 시대 전반에 편찬한 관찬사서를 참고하고 직계 계승을 채택한 당을 모범으로 삼았기 때문이다. 나라 시대의 직계 계승의 규칙이 실재했는지 확실하지 않지만 이른바 전설상에 알려진 천황의 황위 계승이 반영되었다고 볼 수 있다. 후히토 등 후지와라 가문은 직계 계승을 정통화하기 위해서 갖은 방책을 마련한다.

덴무계는 고대 마지막 여제인 쇼토쿠 천황(称德天皇, 제48대)까지이며, 그 다음인 고우인 천황(光仁天皇, 제49대) 이후부터 덴지계로 이행된다는 이해가 넓게 받아들여지고 있다. 준닌 천황(淳仁天皇, 제47대)은 예외일지도 모르나 지토 이후의 천황은 그 부모가 덴지의 직계인 것은 간과할 수 없다. 도대체 나라 시대의 덴무계에 의한 황위 계승을 정당화하는 불개상전(不改常典)의 입법자를 덴지에게서 찾고 있는 이유는 무엇일까? 신기하지 않은가? 덴무계라고 말하면서 가루(몬무 천황), 오비토(쇼무 천황) 이외 덴무계의 황자가 황위 계승에서 배제되고 있는 것도 이해하기 어렵다. 이러한 직계 계승을 강하게 바란 지토가 덴지계이면서 덴지계의 황위 계승을 목표로 했다는 것이 핵심이다. 친아들인 오오토모 황자 옹립에 의해 황위 계승의 규칙을 세대 내 계승에서 직계 계승으로 변화시키려 한 덴지의 유지(遺志)는 딸 지토에 의해 계승된다.

제50대 간무 천황(桓武天皇) 이후를 봐도 헤이제이(平城, 제51대),

사가(嵯峨, 제52대), 준나(淳和, 제53대), 인묘(仁明, 제54대), 몬토쿠(文德, 제55대) 등 대체로 직계 계승이 이루어지고 있다(앞의 졸저, 『歷代天皇総覧』). 다이카 개신 이후 당의 영향력이 한층 더 강해져 직계 계승이 존중받게 된 것은 아닐까? <오미령(近江令, 최초의 율령법전)>으로부터 시작한 율령법의 적극적 도입은 패권국가인 당을 모델로 한반도에 뒤쳐지지 않게 일본도 중국화를 서두른 현상이라고 볼 수 있다. 황위 계승도 중국과 같은 수준의 직계 계승으로 해야 한다고 생각한 덴지 천황은 오오토모 황자의 옹립을 위해 오오아마 황자(덴무 천황)의 양해를 구했던 것이다. 덴지는 황위를 부모와 자식, 형제간의 애정이라고 하는 관점에서 생각하지 않았기 때문은 아닐까?

일본에서는 전통적으로 모계를 중시하는 관습이 있었다. 모계에 의한 황위 계승은 어머니 쪽이 외척으로서 실권을 잡는 경향을 만들었다. 가쓰라기씨(葛城氏) 이후 소가씨(蘇我氏)와 후지와라씨(藤原氏)가 천황의 외척으로서 정치권력을 휘둘렀고 황위 계승도 좌우했다. 특히 후지와라씨는 후궁에 대한 개입을 강화하여 자기 가문의 뜻을 반영하기 위해 황위를 사유화했다.

이러한 경향은 쇼무조(聖武朝, 제45대) 이후 한층 더 진행됐다. 천도를 반복하는 등, 정서가 불안정했던 쇼무는 49세에 양위한다. 양위선언에 '불개상전(不改常典)'을 포함시키고 황위를 제1황녀인 아베 내친왕(阿倍内親王)에게 양도했다. 이 황위 계승에는 고묘 황후(光明皇后)와 후지와라 나카마로(藤原仲麻呂) 등이 가진 뜻이 강하게 작용했다. 이를 계기로 고묘 황후는 태상후가 되었고 자산을 관리하는 가정기관(家政機関)인 황후궁직은 자미중대(紫微中台, 당의 자미중대는 황제의 의사결정기관)로 개편하여 나카마로 등 후지와라씨의 아성을 만들었다(『続日本紀』).

이미 쇼무 천황이 즉위한 시점에서 구사카베 - 몬무 - 쇼무에 의한 황통을 정통화 한 '불개상전(不改常典)'은 사실상 무효화되고 직계 계승과 후지와라씨의 외척정책이 그 후에 남았다. 후나도 왕(道祖王)의 폐태자나 준닌 천황의 폐제(淡路廃帝) 등 황통은 문란해지고 여제 고켄 상황(孝謙上皇, 제46대)과 도쿄(道鏡)의 밀착을 비난한 나카마로 일족은 막다른 궁지에 몰렸다. 상왕 측은 선수를 쳐서 영인(鈴印, 옥새)을 확보하고 준닌 천황을 구속했다. 그리하여 구슬의 탈취에 실패한 나카마로의 운명이 다한 것이다(角田文衛, 『恵美押勝の乱』).

우사하치만궁(宇佐八幡宮) 신탁사건의 핵심은 도쿄가 황위에 오르느냐 아니냐가 아니다. 고켄은 일찍이 쇼무에게서 양위를 받을 때 "그것에 대해서라면 왕을 노예로 삼든 노예를 왕으로 삼든 네 마음대로 하라"라는 칙령을 받는다. 이른바 고켄에게 황위 계승의 결정권이 맡겨진 것이다. 764년 10월에 다시 황위에 오른 쇼토쿠(고켄)는 미혼이었으며 황위를 이어야 할 황자손이 없었다. 쇼토쿠는 황위 계승의 방식을 모색하여 765년 3월,

'황태자라 함은 본래 하늘에서 내려준 것'이라는 조칙을 내리고 문제를 보류했다(『続日本紀』).

우사에서 와케노 기요마로(和気清麻呂)가 가지고 돌아온 신탁에서는 군신의 구별을 전제로 하여, '천황의 후사는 반드시 황족으로 한다'라고 하였다. 혈통의 중요성을 알고 있었던 쇼토쿠 여제는 황위 계승 문제에 봉착하여 후사의 결정을 보지 못하고 붕어한다(앞의 졸저, 『女帝誕生』). 주지하는 바와 같이 율령(후계자령)은 '여제의 자손'(여계계승)에게도 황위 계승 자격을 인정하고 있고, 재위 중에 혼인을 구속하는 법령이나 관습도 없었다.

곧바로 후지와라 나가테(藤原永手)나 후지와라 모모카와(藤原百川) 등은 덴지계의 시라카베 왕을 내세웠고, 이에 고닌 천황(光仁天皇)의 즉위가 이루어졌다. 여기에서 종래 황위는 덴무계에서 덴지계로 이행되었다고 여겨진다. 그러나 고닌 천황의 즉위를 선언하는 문서에는 "황위 계승자의 옥좌를 쇼토쿠 천황으로부터 받았다"라고 기록되어 있기 때문에 오히려 선제(先帝)와의 연속성이 확인된다. 고닌조(光仁朝)에서는 격렬한 황위 계승 다툼 결과, 이노우에 황후(井上皇后)와 오사베 황태자(他戸皇太子)가 폐위됐다(앞의 졸저, 『歴代天皇総覧』).

781년 4월 고령 등을 이유로 고닌은 야마베 친황(山部親王)에게 양위하여 간무 천황(桓武天皇, 제50대)이 즉위한다. 야마베 친왕의 어머니인 다카노노 니이가사(高野新笠)는 백제계 도래인이었

기 때문에 즉위에 반대하는 목소리도 나왔지만 후지와라씨의 강력한 지지에 의해 양위가 결정됐다. 간무는 아버지와 달리 쇼무가 고켄에게 주었던 황위 계승에 관련된 칙명에 입각하여 중국식 즉위 의례를 거행했다. 이를 통해 새로운 왕조가 수립되었다는 인상을 강하게 남겼다. 간무가 '제천의 예'를 거행했던 것은 역성혁명에 기반을 둔 왕조교체를 인정한 것이라는 이해도 나타난다(武田秀章, 「皇位と皇位継承の基礎知識」).

조정은 상대에 산린 왕조(三輪王朝)나 가와치 왕조(河内王朝) 등 적지 않은 왕조의 교체가 있었던 사실을 충분히 인식하고 있었다. 물론 만세일계가 역성혁명을 부정하고 있는 것도 이해하고 있었다. 중국의 혁명사상이란 천상에는 천제가 있어 지상의 황제가 악정을 펼쳐 천명을 거역하면 가차 없이 황제를 폐위시켜 새로운 왕조의 수립으로 왕조교체가 일어난다는 것이다.

이미 오랜 옛날부터 일본의 황통이 만세일계가 아니라는 사실은 고대의 조정에서 조차 인정하는 바였다. 쇼무 천황이 내린 칙명이나 간무 천황의 즉위 의례도 이 사실을 뒷받침한다. 헤이안 시대(平安時代) 이후 덴지 천황이 새삼스럽게 시조로 받들어진 것은 사실이기는 하나, 지토 천황 이후의 황위 계승은 덴지계를 중심으로 이루어지는 면이 있다. 나라 시대의 황위 계승은 덴무·덴지 두 계통에 의해 이루어졌다고 보아야 한다. 나라 시대에서 헤이안 시대로 이행되면서 덴무 계통이 덴지 계통으로 전환되었다고 보는 것은 그다지 의미가 없다. 어디까지나 기본적으로 직계 계승이 존중되었다는 부분이 중요하다.

몬토쿠 천황 이후에도 대체로 직계 계승 원칙이 황위 계승의 기본적인 원칙으로 작용한다. 단, 엔유 천황(円融天皇, 제64대) 이후에는 세대 내 계승도 많이 이루어진다. 퇴위한 상황이나 법황이 천황대신 정무를 보는 원정(12세기)이 시작된 시라카와 천황(白河天皇, 제72대)의 때에도 직계 계승이 원칙이었으며, 점차 역대 천황의 황자가 때마다의 사정으로 교대하여 옹립된다. 원정의 개시로 인해 천황제는 껍데기만 남게 되는 한편, 후지와라씨의 권력은 억제되어 황실은 권력을 되찾았다. 이 동안에는 황위 계승 원칙이 크게 바뀌지 않았다(앞의 졸저, 『歴代天皇総覧』).

옛날부터 천황이 즉위할 때에는 삼종신기(칼, 거울, 옥)가 필요했다. 삼종신기는 천황이 아마테라스 오미카미(天照大御神)의 황손이라는 증거였다. 신기는 황위 계승을 정당화했다. 그러나 헤이안 시대 이후 삼종신기는 그와 같은 기능을 상실하게 됐다. 헤이지의 난(平治の乱, 1159년)을 계기로, 안토쿠 천황(安徳天皇, 제81대)을 옹립하여 외척이 된 헤이케(伊勢平氏, 이세 헤이지)는 수도가 함락되자 삼종신기를 가지고 있던 안토쿠 천황의 권위가 실추되는 상황에 놓였다. 고시라카와 법황의 권위를 등에 업은 구조 가네자네(九条兼実)는 권력의 공백을 없애기 위해 노력했다. 구조의 공식 일기 『玉葉(교쿠요)』에도 나타나듯이, 가네자네는 억지로 게이타이 천황을 선례로 삼아 신기를 갖지 못한 고토바 천황(後鳥羽天皇, 제82대)을 옹립한다(『象徴天皇の発見』). 이미 황위 계승의 규칙 따위는 무시되었고, 황위는 정쟁의 도구로 전락했다. 고토바 천황의 선례는 가마쿠라 시대(鎌倉時代) 이후 막부가 황위 계승에 개입할 여지를 만들었다.

후지타 사토루(藤田覚) 등이 주장하듯이 에도 시대(江戸時代) 역시 중기가 지나면 국학이나 미토학(水戸学)이 융성함에 따라 천황을 국가통합의 주축으로 인식하는 경향이 확산된다. 막부도 황위를 존중하여 조정에서 통합권을 위임받아 정치를 행한다는 사고방식을 받아들이게 되었다. 또한 막말에는 국가 질서의 중심은 천황이라는 인식이 널리 공유됐다(『幕末の天皇』).

무엇보다 막부가 이렇게 인식하게 된 배경에는 우여곡절이 있었다. 애당초 막부는 황위 계승에 개입해 황실과 도쿠가와 씨의 혈연관계를 구축하는 데 몰두한다. 막부는 조정의 정치에 개입하기도 했다. 고미즈노오 천황이 막부의 허가 없이 교토5산 승려들에게 고위급 승려가 입는 자의를 수여했으나 막부가 그 명령을 무효화시킨 자의 사건(紫衣事件) 등의 사례가 있다. 이에 격노한 고미즈노오 천황(後水尾天皇)이 무단으로 양위를 함에 따라 공가와 무가 사이의 긴장감이 고조되었다. 이를 계기로 막부는 조정에 개입하기를 꺼려했다. 그 유명한 아라이 하쿠세키(新井白石)의 책략에 따라 간인노미야(閑院宮) 궁가 창설 등의 대안이 고려되어 황통 존속을 꾀하기도 했다.

황통에 얽힌 신화의 기원

메이지 유신 이전에도 만세일계가 의식되지 않았던 것은 아니지만 만세일계라는 사고방식이 정부의 통일적인 견해로 강조되었던 것은 메이지 이후의 일이다. 대일본제국헌법은 제1조에 "대일본제국은 만세일계의 천황이 그것을 통치한다"라고 되어 있다. 메이지 이전에는 국가가 만세일계를 통치이념으로 명확히 드러내는 일은 드물었다.

천황을 통치자로 인정해도 그것을 정통화하기 위해 진무 천황 이래의 황통을 끄집어내는 일은 의외로 적었다. 저자가 친근감을 가지고 있는 나라 시대 전반에 편찬된 『日本書紀』에서도 역대의 천황기에는 시조인 진무 천황이 거의 등장하지 않는다. 예외적이긴 하지만 진신의 난을 일으킨 오오아마 황자(덴지 천황)가 진무 천황을 숭상했다는 기사가 보이는 것은 고대사연구자들이 흔히 지적하는 부분이다.

이러한 사실을 바탕으로 판단해보면 만세일계를 주장하게 된 것은 천황이 신격화된 시대이다. 메이지 시대에는 교육칙어 등의 영향 하에 '現人神(아라히토가미, 현인신)'인 천황의 신격화가 계획됐다. 고대 최대의 내란이었던 진신의 난에서 승리한 덴무 천황은 동쪽 중소호족들의 열광적인 지지를 받아 신격화된다. "오오키미(大王)는 신으로 삼는다"는 『萬葉集(만요슈, 만엽집)』에 나와 있는 대로이다. 오우진 천황(応神天皇, 제15대) 이전의 천황들은 실재했는지 여부가 확실하지 않다. 그러한 신화의 전승에 파묻힌 천황을 선조로 우러러보는 것이 천황의 신격화에 일정한 효과를 발휘할 것이라고 기대했던 것이다.

시대를 거슬러 올라가 다이고조(醍醐朝, 제60대)에 편찬된 『延喜式(엔기시키, 율령시행세칙)』를 보면 황족능묘에 대한 서술이 많이 보인다. 그런데 후대의 천황과 비교했을 때 진무 천황의 위치는 의외로 낮다. 미나모토씨(源氏) 등 중세의 정치 권력자들도 진무를 의식하고 있지 않다(中野正志, 『女性天皇論』). 덴무 천황릉의 창설을 본격적으로 시작한 것은 에도 시대, 분큐(文久, 1861-64)연간의 일이었다. 덴무릉의 공사에는 막대한 예산이 투여되었고 그 규모는 다른 능묘를 뛰어넘었다(堀田啓一, 『日本古代の陵墓』). 존왕양이론의 대두와 함께 시조인 덴무 천황을 주목하게 된 것이다.

메이지 유신 당시에는 '진무창업'이 강조되었으나, 천황을 신격화하기 위해서는 역시 '천손강림(天孫降臨)'의 신화를 이어가야 했다. 『日本書紀』의 진무기에서도 진무가 '황조·천신'을 숭배했다고 기록되어 있다. 물론 '황조·천신'이란 아마테라스 오미카미를 지칭하는 것이 틀림없다. 천황가는 지금도 아마테라스 오미카미를 이세신궁(伊勢神宮)에 모시고 제사를 지내고 있다. 이 신화를 계승하는 편이 메이지 천황을 신격화 하는 작업에는 매우 유리했을 것이다.

이 천신이 여성이므로 천황가 본래의 황통은 여계 계승이라는 주장도 있으나 심히 얕은 이해에 지나지 않는다. 만세일계가 본디 신화와 이데올로기로서 기능해온 측면이 큰 만큼 역사적인 사실을 확인하기란 상당히 어렵다. 근대에 만들어진 신화가 고대에 만들어진 신화 위에 조작된 것이기 때문에 더욱 그렇다.

천황의 권위가 가장 높았던 것으로 보이는 덴무·지토 천황 무렵에 '천손강림'의 신화 등이 형성되었을 가능성도 높다. 이는 『帝紀(제기)』나 『旧事(구사)』 등을 바탕으로 『日本書紀』와 『古事記』의 편찬이 개시된 시기와 일치한다. 요시이 이와오(吉井巖)가 명쾌하게 지적한 것처럼, 『萬葉集』에 수록된 카키노모토노 히토마로(柿本人麻呂)의 시는 천황과 아마테라스 오미카미의 관계를 훌륭하게 설명한다(『天皇の系譜と神話』).

다만 『日本書紀』와 『古事記』가 편찬된 시기에는 중국화를 과도하게 추구하고 있었기 때문에 역성혁명을 부정하고 왕조 교체를 부인하는 만세일계의 원리가 반드시 강조된 것은 아니었다. 앞서 보았듯이 당시 조정은 직계 계승의 정통화에 힘썼던 것이다. 역사를 조금 거슬러 올라가긴 하지만 『日本書紀』와 『古事記』에서는 게이타이조를 정통화하기 위해 오진 천황(応神天皇,

제5대)을 거론한다. 이를 의심하면서 지방호족에 의해 야마토 조정(大和朝廷) 정복이라고 이해하고 사실상 황통 단절, 왕조 교체라고 인정하는 학설도 적지 않다. '만세일계'설에 대한 중대한 이론으로 주목받고 있다.

게이타이의 야마토 입성

이러한 견해가 채용된 배경에는 천황릉 연구나 고고학의 진보가 반영되어있는 것으로 보인다. 그러나 오진 천황의 오세손이라고는 하지만 과연 왕족으로 대우받고 있었는지는 확실하지 않다. 게이타이가 야마토에 입성하는데 20년이라는 세월을 필요로 했다는 것은 결국 야마토 지방의 유력 호족들이 게이타이의 대왕 추대에 강하게 저항하고 있었다고 생각해야할 것이다.

게이타이 천황의 출신지인 에치젠(越前)에는 상당한 대규모의 고분군이 있어 한반도의 여러 나라와 밀접하게 교역했음이 밝혀져 있다. 그러나 오오토모(大伴), 모노노베(物部)와의 관계 등 여전히 해명되지 않은 사항도 적지 않다. 게이타이는 즉위 전에 오와리(尾張)에서 두 황자를 낳았고 후에 이들을 즉위시켰다. 이 단계에서 전 왕조와의 혈연이 끊겨있다. 게이타이 천황이 닌켄천황(仁賢天皇, 제24대)의 황녀이자 부레쓰 천황(武烈天皇, 제25대)의 여동생인 다시라카히메(手白香皇女)와의 사이에서 얻은 긴메이 천황 (欽明天皇, 제29대)이 즉위한 것은 여계 계승이기는 하지만 야마토 왕권과 피가 이어진 것이다.

부레쓰의 대에서는 일단 황통이 단절됐다. 게이타이가 야마 토의 사람이 아니라 에치젠의 한 지방호족이었다고 하는 견해 는 여전히 유력하다. 야마토 지방의 여러 호족이 게이타이를 대 왕으로 받아들이는 데는 상당한 저항이 있었음이 틀림없다.

이미 확립되어 있던 혈통을 중시하는 관점에서 게이타이의 야마토 입성에는 그에 상응하는 시간이 필요했다. 그러나 구 야 마토 왕권과의 혈연이 주위를 납득시킨 것인지, 게이타이의 재 위연수는 도합 25년으로 장기화되었다. 여전히 각지에서 야마 토 조정에 종속되지 않는 지방 호족과의 전투가 계속되었다.

규슈(九州)에서는 유명한 쓰쿠시노구니노미야쓰코 이와이의 난(筑紫国造磐井の乱, 527년)이 발발한다. 이와이는 한반도, 그 중에서 도 신라와의 교역으로 부를 축적하여 히젠(肥前), 히고(肥後), 부젠 (豊前), 분고(豊後)를 편입시켜 조정의 대외 원정책을 방해했다. 게 이타이조가 야마토 조정에 의한 국가통일의 출발점이라고 보는 연구자도 있으나 황위 계승을 둘러싼 분규로 인하여 야마토 조 정의 기반이 흔들리고 조정의 지배에 복종하지 않는 지방 호족 의 대두를 초래했다고 보는 견해도 뿌리 깊게 존재한다. 게이타 이 천황릉에서는 당시에 규슈 지방에서 제작된 석관도 발굴되고 있는데다가 『古事記』와 『日本書紀』의 기록과도 일치하지 않는 점이 보이고 있기 때문에 정치적 혼란기로 보는 견해가 유력하다(앞의 졸저, 『歷代天皇総覧』).

중국 황제와의 차이

앞서 보았듯이 중국에는 황제를 천명을 받고 내려온 천자로 간주하는 유교 사상이 있다. 이 사상에 따라 하늘에 제사를 지내는 의례는 천자만이 집행할 수 있었다. 이러한 고대 중국 사상은 일본 상대 신화에도 강하게 투영되어 있다. 고대 제사 연구자인 오카다 세이지(岡田精司)에 따르면, 『古事記』에 등장하는 최고신인 아메노나카누시노카미(天御中主神)는 중국 최고의 신에 해당하는 북극성의 원시천왕(元始天王)을 모티브로 삼은 것이라고 한다(『古代王権の祭祀と神話』).

전술했듯이 초대 진무 천황으로부터 게이코 천황에 이르기까지는 나라 시대의 직계 계승 원칙이 투영되어 있는데, 그 과정이 너무나 깔끔하게 만들어져 있다. 하지만 고대 중국에서도 비슷한 계보가 인정받고 있었다. 고대 은(殷) 왕조는 일반적으로 세대 내 계승을 했다고 여겨진다. 이는 시조까지 거슬러 올라가면 명백한 직계 계승이 이루어지고 있었기 때문이다(山口修, 『天皇』).

중국 법제를 일본에 도입하는 과정에서 두 나라의 차이가 상당히 크다는 점이 부각되는 가장 알기 쉬운 사례가 근친상간의 금지이다. 이를 도입하면 일본 왕실은 패닉에 빠질 것이 분명했다. 일본 왕실은 근친혼으로 성립된 것이나 마찬가지였기 때문이다.

8세기가 되면 다이호(大宝)·요로(養老) 율령이 연속적으로 완성되는데, 도래계 씨족을 중심으로 한 입법자는 그러한 사정을 잘 알고 있었다. 엄청난 수의 조문으로 이루어진 율령은 언뜻 충실히 중국율령을 베낀 것처럼 보이지만 막상 중요한 부분은 일본의 실정에 맞추어 용의주도하게 변경했다.

일본 천황과 중국 황제의 정치적 성격 차이는 당연히 황위 계승법의 형태에도 반영됐다. 여기에서 간과해서는 안 될 것이 바로 중국의 혁명사상이 일본에도 흘러들어왔다는 지적이다.

요시다 다카시(吉田孝)에 의하면 중국의 혁명사상은 나라 시대에 조금씩 일본에 침투하여 새로운 정치적 국면을 조성한 듯하다. 이 경우 중심이 되는 인물은 후히토의 손자에 해당하는 후지와라노 나카마로이다. 나카마로는 후지와라씨의 생명선이라고 할 법한 고묘 황후의 위광을 업고, 억지로 유교 사상에 기반을 두고 중국화를 추진한다. 다만 중앙 관제의 호칭을 고친 것은 도가 지나쳤다. 뿐만 아니라 나카마로는 천황 권력에도 개입하여 황위 교체를 획책했다(『歷史のなかの天皇』).

또한 도쿄가 법왕이 되거나 아시카가 요시미쓰(足利義満)가 황위를 찬탈하려 하는 등 신하들이 황위에 도전했다. 이러한 역사적 사실은 '만세일계'라는 의식이 희박했다는 것을 대변하는 것이 아닐까. 만세일계를 의식하게 된 것은 역시 막부 말 이후의 일이다. 요시다 쇼인(吉田松陰) 등의 사상에는 천황을 절대화하는 시각이 농후하게 드러나 있다. 같은 시각을 가진 유학자도 적지 않았다(中野正志, 『万世一系のまぼろし』).

이러한 사상은 존왕양이 운동이 전개됨에 따라 이데올로기화 된다. 이 이데올로기는 왕정복고 쿠데타에 필요불가결한 것이었다(井上勲, 『王政復古』). 왕정복고에 저항한 도쿠가와 요시노부(德川慶喜)는 끝까지 '성단'을 '간하여 말리'는 자세를 취했다(『明治天皇記』). 5개조 서문에서는 '공론'의 존중이 중시되었다. 그리하여 천황 친정과 공의세론이라는 2대 이념을 기치로 한 유신정권이 탄생했다(졸고, 『天皇親政運動』).

메이지의 전환

그러나 이러한 이념은 형해화 된다. 오쿠보 도시미치(大久保利通) 등 유신3걸(오쿠보 도시미치, 사이고 다카모리, 기도 다카요시)은 분명히 군덕배양(君德培養)을 고심하면서 천황제 국가 수립에 매진했으나, 결국 천황을 「옥(玉)」으로밖에 간주하지 않았기 때문이다. 유신정부는 정권유지에 열심이었기 때문에 또다시 천황을 정치에 이용하기 시작했다. 신정부는 천황을 구태의연한 공가사회로부터 떼어낼 수 있도록 궁중개혁을 추진하여 '실질강건한 기풍'을 불어넣고자 한다(앞의 졸저, 『天皇親政』).

젊은 천황이 후궁을 나와서 정무를 맞이할 체제가 성립됐다. 오쿠보는 심복인 요시이 토모자네(吉井友實)를 궁중에 보내 여관(女官, 궁녀)의 총면직을 단행하고 후궁의 실권은 황후 하루코(美子)에게 위임했다. 사이고 다카모리(西郷隆盛)의 계획에 의해 무라다 신하치(村田新八), 고메다 토라오(米田虎雄) 등이 시종으로 발탁됐다. 사이고의 예측대로 사족의 시종은 천황의 총애를 받아, 궁중의 분위기를 일변했다(『西郷隆盛全集』).

정한론을 둘러싼 심각한 대립으로부터 메이지6년(1873년) 가을, 정부는 크게 분열된다. 천황친정을 주장하는 신정부에 큰 타격이었던 것은 정한파 참의의 하야가 아니라 근위병 등이 천황의 제지를 뿌리치고 사이고를 따랐던 것이다(졸저, 『明治天皇』).

이러한 위험은 오쿠보의 탁월한 정권운영에 의해 극복할 수 있었다. 오쿠보는 유연한 리얼리즘에 입각하여 대만출병, 대청교섭, 사족의 반란에 과감하게 임했다(졸저, 『大久保利通』). 1877년 세이난의 역(西南の役)이라는 최대 위기에 직면한 유신정권은 '천황친정'을 내걸었다. 그러나 사이고를 신임하는 메이지 천황은

줄곧 안으로 들어가려고만 했다. 이 천하를 판가름하는 전쟁에서 겨우 승리한 신정부는 왕권강화를 위해서라도 천황친정의 실질화를 모색하고 사무라이의 보직 설치를 단행했다. 이 시기는 여전히 절대적 천황관과 한정적 천황관이 혼재되어 있었기 때문에 천황제 국가를 규정하는 논리도 제도도 미성숙한 상태였다.

1878년 기오이쵸 사건(紀尾井町事件)으로 오쿠보가 암살당한 것을 계기로 이토 히로부미 내무경(内務卿, 치안·경찰 담당)을 수반으로 하는 집단지도체제가 발족했다. 메이지 14년(1881년) 정변에 의해 오오쿠마 시게노부(大隈重信) 등이 추방되어 이토 등이 노선논쟁에서 승리했다. 이토는 주도권을 장악해 프러시아 형의 입헌군주제 확립을 도모했다. 이토는 유능한 법제 관료인 이노우에 다케시(井上毅)의 협력을 얻어 천황제 국가를 위한 체제 정비에 전력을 다해 국가를 중심으로 하는 '만세일계'의 천황제를 메이지 헌법에 포함시켰다(졸저, 『明治天皇』).

황실전범의 성립

황위 계승 등을 규정하는 황실전범의 원형이 정부 내부에서 검토된 것은 모종의 자유로운 분위기 속에서였다. 천황의 칙어를 받아 1876년 원로원에서 「일본국헌안」 제1차 초안을 기초했다. 이 초안의 기초에 관여한 후쿠바 비세(福羽美静), 야나가하라 사키미쓰(柳原前光), 요코야마 요시키요(横山由清) 등은 이때부터 황위 계승 방식을 모색하여 여제(女帝) 제도의 용인을 포함시켰다.

그러나 제2차 초안에서는 여제 제도가 거부되었고, 다시 제3차 초안에서 부활한다. 황위 계승을 둘러싼 원로원에서의 논의는 여제의 가부(可否)를 둘러싼 분규가 일었다고 볼 수 있다. 간접적으로나마 제2차 초안에서 여제가 배제되고 남계가 부상한 것은 원로원 서기관이었던 시마다 사부로(島田三郎)의 영향으로 보인다(島善高, 『近代皇室制度の形成』). 제2차 초안을 기초할 때 야나기하라는 시보(侍補, 천황보좌역) 등 궁중 그룹의 의견에도 귀를 기울였다. 원로원도 궁정 측의 뜻을 중시하고 있었다. 의장인 아리스가와노미야(有栖川宮)가 제2차 초안에 불만을 드러냈기 때문에 초안의 재수정은 불가피하게 되었다(앞의 졸저, 『女帝誕生』).

그리하여 약 2년의 세월을 거쳐 제3차 초안이 제출됐다. 일단 삭제되었던 여제 제도는 다시 채용됐다. 그러나 이것은 최종 선택지로 추가된 것에 지나지 않았다. 원칙적으로는 남통(男統)이 전제되어 있었다. 제3차 초안의 '제위계승' 제3조를 "여자로 황통을 이을 수 있도록"이라고 한 것은 고육지책이다. 결과적으로 황위 계승을 둘러싼 제한이 완화되어 서자나 남계 황녀의 자손으로까지 범위가 확대됐다.

이 조문의 수용을 둘러싸고 의견이 분분했다. 게다가 어쩔 수 없는 조치라고는 해도 여통(女統)이 용인되었던 것에는 불만의 목소리가 소용돌이쳤다. 여통 반대론자는 여자황제의 혼인에 의해 역성혁명이 발생하여 만세일계의 황통이 사실상 단절된다고 생각했던 것이다. 원로원 내부에서도 사사키 다카유키(佐佐木高行) 부의장을 비롯해 반대를 주장하는 의관이 적지 않았다. 여통을 인정한 초안에는 크나큰 반대의 목소리가 있었던 것을 부정할 수 없다.

원로원의 국헌안은 메이지 천황에게 봉정되었지만, 이와쿠라 도모미(岩倉具視)나 이토 히로부미 등 정부 상층부가 유럽제도를 모방하여 일본의 '국체인정(国体人情)'을 고려하지 않았다고 반발하여 채택되지 않았다. 그 중에서도 이와쿠라는 궁중의 규칙을 '국헌'에 포함시키는 것에 이의를 제기했다. 이와쿠라는 본래 황실의 사사로운 일로 봐야하는 황실법을 궁내성이 중심이 되어 독자적으로 '봉의관(奉儀官)'에서 제정한다는 방침을 가지고 있었다. 이러한 이와쿠라의 방침에는 당시 주러공사인 야나기하라의 뜻이 반영되어 있었다. 야나기하라는 이토나 사이온지 긴모치(西園寺公望)와도 의견을 교환하여 제실제도를 국정에서 떼어내도록 주장했다. 그리고 외국을 본보기로 삼기 전에 '옛 제도의 좋음'에서 배우는 자세를 강하게 요구했다. 이와쿠라는 야나기하라의 건의를 받아들여 궁내성에 내규취조국(内規

取締局)을 설치하고 황실에 관련된 사안의 조사, 심의를 진행했다.

내규취조국에서 결정한 <황족령>안에서는 친왕의 범위가 한정되어 친왕으로부터 5세대까지를 화족(華族)으로 삼았다. 이에 대항하여 이노우에 고와시를 책사로 둔 야마가타 아리토모(山縣有朋)는 영세황족제를 주장하며, 내규취조국의 안에 강경하게 반대했다. <황족령>안은 우여곡절을 거쳐 결국 실행이 보류되었다.

메이지 14년의 정변(1881년)을 통해 실권을 장악한 이토는 헌법제정의 일환으로 황실 제도의 확립을 모색했다. 이토나 이노우에는 프러시아(Prussia, 독일 북부 지방) 왕실제도를 모형으로 하면서도 정부의 주도성과 황실 제도의 자율성을 지향했다. 이토는 독일의 법학자인 알버트·모세(Isaac Albert Mosse)와 로렌츠·폰·슈타인(Lorenz von Stein)의 조언에 따라, <제실법(帝室法)>을 아무리 써도 닳지 않는 훌륭한 법률(不磨의 大典)이라고 할 수 있는 일종의 가법(家法)으로 취급하겠다는 방침을 굳혔다.

이토는 황실 제도의 구축을 둘러싸고 이와쿠라 등 화족세력과 궁중세력, 그리고 이노우에 등 법제 관료를 주의하여 살폈다. 이토는 야나기하라 등을 통해서 이와쿠라 등에게 접촉하여 궁중을 유럽화하려는 생각이 없다는 것을 표명했다. 이 때문에 이토는 화족제도의 확립을 서둘렀다. 이토의 과감한 행동은 사태를 호전시켜 궁중에 세력기반을 확대하는 것에 성공했다(앞의 졸저, 『女帝誕生』).

이와쿠라가 사망하자 궁내개혁은 거의 이토의 주도하에 진행되었으며, 1884년 3월에는 궁내성 하에 제도취조국이 설치된다. 이토는 궁내 고관 및 제도취조국 장관을 겸임하고, 이노우에 고와시, 이토 미요지(伊東巳代治), 가네코 겐타로(金子堅太郎) 등을 동원하여 궁내개혁과 황실법규의 기초에 매진한다. 제도취조국에서는 <황족령>을 시작으로 황위 계승에 관련된 법령의 작성이 진행된다. 그 결과, 1885년 말에는 <황실제규(皇室制規)>가 완성된다(小林宏·島善高, 「明治皇室典範」).

메이지 시대에도 이어진 여계논쟁

<황실제규>의 특색은 여계에 의한 황위 계승이 용인되고 적계 황족이 우선시 된다는 것이다. 전27조를 검토해서 알 수 있는 것은 입안자가 황족의 존속을 위해 범상치 않은 심혈을 기울였다는 것이다. 유럽을 모방하고 있는 것은 확실하지만, 일본의 전통이라고도 할 수 있는 남계주의가 경시되었던 것은 아니었다. 그러나 황통 단절을 피하기 위해, 남계가 끊어졌을 때를 대비해서 황족 가운데 여계에 의한 계승을 용인했던 것이다. 실로 융통성 있는 내용이라고 할 수 있다.

여계로 황위를 계승할 경우 중요한 것은 여제의 배우자인 황서(皇壻)를 어떻게 처리할 것인가라는 문제이다. 이미 이 문제를 둘러싸고 민권론자들 사이에서도 심도 높은 논의가 진행되고 있었다. '만세일계'의 핵심을 남계주의에서 구하는 여계부정론자는 이 문제를 반대 논거의 하나로 들었다.

이에 대해 <황실제규> 제13조에는 "여제의 남편은 황제의 혈통이면서 신적에 들어가 있는 자 중, 황통에 가까운 자를 받아들여야만 한다"라고 되어 있다. 이토 히로부미 비서유찬본(伊藤博文秘書類纂本)의 같은 조에는 '13조 난해'라는 흥미로운 메모가 있다. 이 서술은 이토가 쓴 것으로 보이는데, 당시로서는 일반적으로 전례가 없다고 생각되었던 여계에 의한 계승의 결과로 황서를 맞이할 수 있는 사태를 걱정했던 것으로 보인다.

황서에게는 '황윤(皇胤, 황제의 혈통)'의 조건이 마련되어 있었음에도 불구하고 말이다. 이노우에 고와시는 즉시 「근구의견(謹具意見)」을 제출하여 이렇게 유연한 <황실제규>에 격한 반론을 제기했다. 그 반대의 이유로는 과거 일본에 재위했던 여제는 유럽의 경우와는 달리 섭위(대신 황위에 오르는 것)에 지나지 않았던 것, 황서가 정치에 간섭할 우려가 있는 것을 들었다. 전후의 상징천황제와 같이 정치적 권한이 없다면 모르지만, 전전의 천황에게는 헌법상 광대한 천황 대권이 주어졌으며 통수권도 독립되어 있었다.

궁내성은 곧 이노우에의 의견을 대폭 받아들여 <제실전칙(帝室典則)>을 제출했다. <제실전칙>은 황위 계승 이외에 구성상 일견 <황실제규>와 비슷한 것처럼 보이지만, 내용에는 상당한 차이가 있다. 즉 <제실전칙>은 내용을 일변하여 여제 제도를 부인하고, 남계만이 계승을 할 수 있도록 한정했다.

1886년 6월 10일, 이토 궁내대신은 산조 사네토미(三条実美)내대신에게 서면을 첨부하여 <제실전칙>을 제출했다. 서면에는, 예로부터 황실의 의식이나 관례는 그때그때의 편의에 따라 궁리, 창작했기 때문에 통상적인 문제는 발생하지 않았지만, 비상사태에 대비해 성문법화해야 할 의의를 지적한다. 특히 황위 계승, 정년, 입후, 섭정, 그리고 황족의 처분에 대해서는 '건국의 근기'이기 때문에 헌장으로 성문법화해야 할 필요성이 제기됐다. 이와쿠라의 헌법의견서나 이노우에의 「근구의견」에서 시사한대로 황위 계승은 '건국의 근기'가 됐다. 이토가 황실법의 여러 규정을 뒤로하고 기본원칙을 세우려 한 것은 황실을 둘러싼 절실한 사정이 있었기 때문이다.

메이지 천황에게서 3명의 황자와 5명의 황녀가 탄생했지만 대부분은 요절했고 황실법 제정 당시 건재했던 자는 하루노미야 요시히토(明宮嘉仁, 후에 다이쇼 천황) 친왕과 생후 얼마 되지 않은 히사노미야 시즈코(久宮静子) 내친왕 뿐이었다. 게다가 요시히토 친왕의 건강은 불안했다. 궁내성은 황통의 존속에 신경을 썼고

메이지 천황 붕어 이후를 염두에 두고 준비를 진행한다. 이토도 이러한 사태를 주시하여 2단계에 걸쳐 황실법의 기초를 세우고자 했다(앞의 졸저, 『女帝誕生』).

　이노우에의 뜻을 반영한 <황실전칙>은 여성·여계를 부인하고 서계계승을 중시한다. 주목할 것은 이 방침이 이후 일관되게 유지되었고 구 황실전범으로 계승되었다는 점에 있다. <황실전칙>은 수정을 거쳐 이토의 지휘 하에서 성립되었다. 태정관제의 폐지와 함께 내대신이었던 산조도 야마다 아키요시(山田顕義)와 의견을 교환하고 친왕 칭호의 선지를 내릴 필요성이나 황후를 낸 가문의 범위 등을 모아 초안 작성에 관여했던 것으로 보인다(国立国会図書館憲政資料室所蔵, 『三条家文書』).

본격적인 황실전범으로

　내각제도하에서 이토는 <제실전칙>의 평의를 내대신부에 의뢰하는 한편, 산조의 측근이었던 야나기하라에게 황실전범의 기초를 요청한다. 야나기하라는 제실제도의 확립에 각별한 열정을 기울여 상당히 많은 황실법안을 손수 만들었다. 이때 야나기하라는 적서의 구별을 묻지 말아야 한다는 입장을 보여 주었다. 아마 야나기하라의 뇌리를 스쳤던 것은 메이지 천황의 측실이었던 여동생 나루코(愛子)와 나루코가 낳은 요시히토 친황의 장래가 아니었을까. 야나기하라는 안정적인 황위 계승을 명목으로 하면서 서자인 요시히토 친황의 즉위를 염두에 두고 그를 옹호하고자 했던 것으로 보인다.

이토는 마침내 임시적인 황실법규를 대신하는 본격적인 황실전범의 편찬을 목표로 하게 된다. <제실전칙>에 대한 궁중고문관의 평의에서는 기대할만한 정도의 수정안이 제시되지 않았다. 이에 비해 황실법 입안에 열심이었던 야나기하라의 손으로 만들어진 <제실법칙강요(帝室法則綱要)>가 실로 훌륭한 성과였기 때문에 이토의 마음을 흔들었다. 때문에 이토는 궁중고문관이 만든 수정안을 버리고 야나기하라의 초안을 채용할 것을 결의한 것이다.

그 사이 천황의 절대적인 신뢰를 바탕으로 이토는 궁중의 제도화를 대담하게 추진하고 사실상 천황의 권력을 포함한 궁중의 정치화에 제약을 걸었다. 그 결과 천황은 입헌군주로서의 성격이 한층 더 강해지고 내각을 중심으로 하는 안정적인 국가 운영이 가능해졌다. 이토의 교묘한 정치지도에 의해 저항세력이어야 할 궁중이 오히려 이토의 권력자원이 되었던 것이다(坂本一登, 『伊藤博文と明治国家形成』).

이토는 황실을 정치로부터 분리하는 것에 신경을 썼다. 이토는 황실전범안을 의회 심의에 상정하는 것을 강하게 반대했다.

황위 계승 순위 등에 관해서는 황족의 의견을 구하기 위하여 황실회의를 여는 방향으로 조정이 이루어졌다. 1887년에 열린 다카나와 회의(高輪会議)에서 이토를 중심으로 이노우에, 야나기하라 사이에서 의견집약이 이루어졌다. 이토와 야나기하라는 둘 다 양위제의 채용을 제안했지만 이토는 그것을 일축했다. 나쓰시마 회담(夏島会談)을 거쳐 초안 수정은 최종적인 단계를 맞이하고 같은 해 4월에 추밀원 자문안이 완성됐다.

같은 해 5월 25일, 천황은 추밀원에 참석하여 황실전범안을 정식으로 자문했다. 이미 여제나 양위에 관한 사항은 의제로 상정되지 않았으며, 섭정에서 황후 등 황족여자가 취임하는 것이 가능할지의 여부 등을 둘러싼 토의가 진행됐다. 입안자의 입장에서 이노우에는 진구 황후(神功皇后, 제14대 천황 황후)의 예를 들어 여자섭정은 관례라고 주장했다. 고문관 사이에서는 전범의 정신에 입각하여 남자로 한정해야 한다는 의견을 표명했다. 통상적으로 자리에 임한 친왕이 발언하는 일은 드물었지만 아리스가와노미야는 적극적으로 소견을 말하며 친왕과 왕, 내친왕과 여왕의 위치설정에 대한 의문을 제기했다. 황실경비 부담의 측면에서 영세황족제도 심의의 대상이 되었다.

1889년에 제정된 구 황실전범은 전쟁 이전, 두 번의 증보를 거쳐 전후의 현 황실전범으로 계승된다(鈴木正幸, 『近代の天皇』). 1907년의 증보에서는 '황실의 가법'으로 황실전범의 위치가 개정되

어 황실전범의 국법화를 도모한다. 이 증보에서 중요한 것은 영세황족제가 재검토되어 사성강하(賜姓降下, 황족여성이 결혼으로 황적 이탈하는 것)가 부활한다. 당시는 9개의 궁가가 있어서 영세황족제에서는 황족의 팽창으로 인해 황실재정의 비대화가 불가피했다. 황족의 범위를 특정하는 것은 이토가 총재의 역할을 맡은 제실제도조사국의 다년간의 현안사항이었다.

GHQ의 방침

황실전범은 대국적으로 보면 황위 계승 규정을 중심으로 큰 변화 없이 전후까지 유지된다. 그러나 GHQ의 점령정책이 강력히 추진되었기 때문에 황실전범의 법체계 위치가 대폭 변경된다. 이미 논했던 대로 미국 국무성 등에서는 애당초 천황제를 존속시키느냐 아니냐를 둘러싸고 활발한 논의가 전개된다. GHQ의 최고사령관인 맥아더는 천황제를 유지한다는 방침을 명확히 내세워 일본의 점령 통치에 천황을 적극적으로 이용하려는 의도가 있었다.

맥아더의 방침을 실효화하기 위해 GHQ는 황위 계승 규정 등 황실의 중요 사항을 국회의 통제 하에 두려고 했다. 그렇게 하기 위해서 현행법 제2조에 "황위는 세습하는 것이며 국회가

의결한 황실전범에 따라 이것을 계승한다'라는 규정이 포함된다. 일본 정부는 황실의 자율성을 확보하기 위해서 강력하게 절충에 임했지만 황실전범을 신헌법의 하위법에 두려 한 GHQ에 의해 거부당한다. 어디까지나 신헌법의 근간에는 '국민주권'이 있었다. 마쓰모토 조지(松本烝治) 국무상은 필사적으로 일본 측의 요구를 제시하며 물고 늘어졌지만 국민이 최고라는 견지에 서 있던 휘트니(Courtney Whitney) 민정국장으로부터 거절당한다.

황실전범의 입안 작업은 1946년 3월에 설치된 임시법제 조사위원회에서 진행됐다. 황실전범의 기안을 실제로 담당한 것은 제1부회의 소위원회였다. 이 위원회에서는 황실전범의 법적 성격이 논의되었으며, 헌법 하의 일반법으로 취급해야 한다는 것을 확인했다.

황실계승과 섭정은 이미 헌법 제2조와 제5조에 규정되어 있었기 때문에 논의대상이 된 것은 황위 계승자의 범위와 계승 사유, 황족의 범위 등이었다. 심의에서 중시된 안건으로는 여제의 가부, 퇴위 규정의 유무, 서자의 황위 계승권 등이었다. 소위원회에서는 상당히 깊은 내용까지 토의되었던 모양이다(高尾亮一「皇室典範の制定経過」).

여자 황족에게도 황위 계승을 인정할 것인지 여부가 논의되었다. 소위원회에서는 황위 계승에 대해 구 황실전범의 원칙을 답습해야 한다는 의견이 있는 반면, 남녀동등권을 주장하는 신헌법과의 균형을 고려해야 한다는 의견도 개진됐다. 황통을 남계로 한정하는 일은 법 아래서의 평등을 규정한 헌법 제14조에 저촉되지 않느냐는 의견도 있었다. 그러나 헌법 제2조 '황위 세습'은 헌법 제14조에서는 예외로 보아야 하며, 황통을 남계로 한정하는 것도 위법은 아니라는 견해로 결말이 났다.

여제 계승의 가능성에 대해서도 논의가 전개됐다. 여기서는 황서의 존재가 문제시되었으며 황서를 배출할 황배족(皇配族, 여제의 배우자를 배출하는 씨족)이 없다는 점이 논의 대상이 됐다. 메이지 전반기에 여제의 가부를 둘러싸고 벌어졌던 열띤 토론을 방불케 했다. 무엇보다 이 문제가 도마 위에 올랐다고는 하지만 충분히 심의가 이루어지지는 않았다. 측실제도의 폐지와 11궁가의 황적 이탈 등 황위 계승의 불안정 요인이 종합적으로 검토되지 않았던 것이다. 이때 황통의 존속에 대해 깊이 있는 논의가 이루어지지 않았던 것이 안타까울 뿐이다.

소위원회에서는 이 외에도 퇴위의 규정과 황족의 범위, 서자의 황위 계승권 등에 대해 논의했다. 퇴위 문제는 당시 쇼와 천황의 전쟁 책임 문제와 연관되어 있어서 심의에 난항을 겪었다. 법제국은 퇴위 규정을 포함하는 것에 적극적이었으나, 궁내성 측은 시종일관 신중한 자세를 보였다. 궁내성은 쇼와 천황이 전쟁 책임을 추궁당하여 퇴위하는 지경에 몰리는 것을 경계했던 것이다.

황족의 범위에 대해서도 논의가 분분했다. 황실재정의 축소를 요구하는 GHQ가 쇼와 천황의 형제인 지치부노미야(秩父宮), 다카마쓰노미야(高松宮), 미카사노미야(三笠宮)를 제외한 11궁가 51명의 황적 이탈을 요구한 것은 중대한 사안이었다. 이 제안을 쉽게 받아들인 당시 정부의 책임은 상당히 무겁다.

측실제도의 폐지와 더불어 관련된 궁가의 황적 이탈을 용인한 일은 황통의 존속을 무시한 경솔한 판단이었다. 미국 정부와 GHQ의 방침이 천황제의 '단기적 존속, 장기적 폐지'를 지향하고 있었다면, 일본 정부는 좀 더 신중하게 대응했어야만 했다. 현행 황실전범은 한층 더 나아가, 3세 이하의 적자 남계 적출의 자손인 왕과 여왕의 의사표현을 인정하고 황적 이탈 제도까지 조문에 포함한다.

구 황실전범에서 인정되었던 황실서출의 황위 계승 자격에 관하여 현 황실전범은 이것을 답습하지 않는다는 방침을 택했다. 물론 측실제도의 공식적인 폐지에 대응한 변화였다. 앞서 서술한 것처럼 측실제도는 다이쇼 천황 때부터 폐지를 위한 방침이 세워졌으며 쇼와 천왕도 "인륜에 어긋난다"라고 하여 기피했다. 그러나 메이지 천황이나 다이쇼 천황은 측실의 아들, 즉 서자였다.

황실계승의 역사를 보면 대체로 서자가 많다. 측실제도가 있기 때문에 서자의 황위 계승 자격을 인정한다고 해도 황통의 존속은 위태로웠다. 쇼와 천황도 네 명의 내친왕(公主)이 계속 태어났기 때문에 상당히 괴로워했다. 이전에 쇼와 천황이 후사의 부재에 대해 고뇌하면서 구 황실전범에서도 금지되었던 양자 입양의 가능성을 비밀리에 사이온지 긴모치(西園寺公望)에게 타진한 일은 잘 알려져 있다.

전후의 논쟁과 그 함정

1947년 5월 3일에 시행된 현 황실전범은 전체 5장 37조와 부칙 3조로 구성된다. 법안화의 과정에서 여제옹립의 가부, 헌법과의 관계, 상징천황제의 올바른 형태, 황통 단절의 위험성 등이 재검토됐다. 물론 GHQ와의 절충도 연속적으로 진행됐다. GHQ는 구체적으로 여제, 퇴위, 양자, 황적 이탈, 혼인 등에 관해 일본 측에 설명을 요구했으며, 이때 주로 헌법과의 정합성의 여부가 거론됐다.

GHQ는 헌법이 정하는 '주권재민'과의 관계나 황실재산의 처리를 우선 과제로 들었다. 1945년 11월에 이미 황실재산 동결 지령이 내려졌기 때문에 황실재산을 GHQ의 관리 하에 두게 된 것이다. GHQ는 황실재산 처분 방침으로 황실재산 수입을 국고에 넣었으며 황실관계비는 세출예산으로 계상할 것을 요구했다. 이에 대항해 궁내성은 '세습재산'을 가능한 한 크게 해석하여 황실재산의 확보에 착수했다. 국회도 궁내성의 방침을 지지하여 GHQ에 수정을 요구했지만, GHQ는 이러한 요구를 단호하게 거절했다.

GHQ의 방침에 따라 1947년 1월에 <황실경제법>이 성립되자 황실재산이 국유화되어 황실은 경제적 자율성을 빼앗겼다. 천황은 정치적·군사적 권능을 상실한 것 뿐만 아니라 강대한 경제적 기반도 잃어버렸다(앞의 졸저, 『女帝誕生』).

황실전범안이 제출되자 국회에서도 본격적인 논쟁이 전개됐다. 여기서도 큰 쟁점이 된 것은 여성 천황문제였다. 이미 일반의 법률로 취급되는 황실전범이었기 때문에 헌법 제24조에 보이는 양성 평등의 규정과 어긋난다는 지적이 있었다. 또한 헌법 14조가 규정하는 법에서 평등과의 관계를 둘러싸고 황족 여자의 황위 계승권 유무에 관한 정부의 견해를 물었다.

이렇게 일본사회당을 위시한 각 야당의 질문에 답한 것은 가나모리 도쿠지로(金森德次郎) 국무대신이었다. 가나모리는 "황위는 세습의 원리에 따라 황위라고 하는 국가의 상징적인 지위를 계승한다"라는 견해를 시사하여 일반적인 상속과의 관념상의 차이를 강조했다. 정부 입장에서는 신헌법 제2조안은 황위 계승에 대해 '세습'이라고 규정하고 있을 뿐, 여성도 여계도 배제하고 있지 않다는 것을 확인했다. 또한 황실전범이 규정하는

'남계남자'를 자유롭게 연구해야 할 '새로운 문제'로 지적하면서 여전히 논의의 여지가 있는 것처럼 비껴간 것이다.

중의원 황실전범위원회의 서두에서 히가이 센조(樋貝詮三) 위원장은 "이 황실전범의 내용에는 남녀의 성적차별이 매우 극단적으로 나타나고 있다"라고 발언하여 여성, 여계의 배제, 황족 여자에 대한 차별을 명쾌하게 지적했다. 헌법이 크게 개정되었음에도 불구하고 황실전범을 부분적으로만 수정한 것은 "황위의 존엄과 정통성을 중시하기 위해서"라고 한 가나모리의 발언에 대해 히가이 위원장은 "민주주의의 원리와 황위의 존엄은 모순되는 것이 아닌가"라며 반박한다.

귀족원 황실전범특별위원회에서도 여자의 황위 계승권을 인정하지 않는 부분이 비판의 대상으로 떠올랐다. 답변을 맡은 시데하라 기주로(幣原喜重郎) 국무대신은 "지금 당장 남계 남자 황계 혈통이 단절될 걱정은 없다"라는 부주의한 견해를 보여줬다. 같은 특별위원회에서는 가나모리 국무대신도 답변하고 있는데, 그는 안이하게 '만세일계'를 끄집어내서 황족 여자의 황위 계승권에 대해 보류하는 자세를 보였다. 남자군주에 대하여 가나모리는 '일본 국민의 확신'이라고 단언했다. 장래에 황위 계승이 취해야 할 형태나 황통 단절의 가능성을 고려하지 않은, 다소 무책임한 발언이었다고 하지 않을 수 없다.

당시의 정부는 GHQ의 뜻에 입각한 황실법체계가 미리 준비되지 않은 것을 너무나도 경시했다. 즉, '맥아더가 설치한 시한폭탄'을 알아차린 정부 수뇌는 존재하지 않았던 것이다. 일본 정부의 상층부는 쇼와 천황의 재위를 확보한 것으로 안심하고 말았던 것은 아니었을까?

제4장
상징천황제의 정착

완전한 상징천황이 될 수 없었던 쇼와 천황

GHQ의 점령 통치가 시작되자 천황의 정치적 권능은 순식간에 제약을 받게 된다. 1946년에는 여전히 메이지 헌법 체제가 존재하고 있었고, '통치권의 총람자'로서 천황에 대한 상주, 재가의 절차가 이루어지고 있었다. 때문에 GHQ에 의해 헌법초안이 제출되자, 당시 수상이었던 시데하라 기주로는 곧 입궐하여 천황의 승인을 청했다. 그러나 초안이 일본 정부의 요강이 되자 사태는 급변하게 된다(渡辺治, 『戦後政治史の中の天皇制』).

GHQ의 정치권력은 절대적이었기 때문에 점차 메이지 헌법에 보증되어 있던 천황의 권력은 사실상 박탈되어갔다. 당연히 신헌법 아래에서의 천황은 상징에 지나지 않았다. 그것을 단적으로 나타내고 있는 것은 총리대신의 임명권이다. 시데하라의 뒤를 계승한 요시다 시게루(吉田茂)를 마주한 쇼와 천황은 이미 그 임명에 관여할 수 있는 방법이 없었다. 최고 권력은 모두 GHQ가 장악했기 때문이었다.

뒤이어 가타야마 데쓰(片山哲) 사회당 내각이 성립되었고 천황은 정치권 밖으로 밀려나게 됐다. 이제까지 관례였던 수상이나 대신의 내주도 부쩍 줄었다. 가타야마 수상은 입각의 경험이 없어서 애초부터 천황을 별로 의식하지 않았다. 천황은 이러한 상황을 매우 불만스러워했던 것 같다. 천황은 가타야마 내각의 외상에 취임한 아시다 히토시(芦田均)에게는 친근감을 가졌다. 아시다는 천황이 황태자 시절에 해외순방을 나갔을 때, 프랑스에서 천황을 보좌했던 경험이 있던 인물이다. 천황은 이러한 관계를 근거로 삼아 시종차관을 외무성에 보내어 외상의 내주가 없는 것을 꾸짖었다(『芦田均日記』).

아시다는 신헌법이 성립된 이상 천황이 국정에 관여하는 것은 부적절하다고 생각했다. 그는 천황에게 충성심을 가지고 있었지만 헌법을 무시하는 것은 불가능했던 것이다. 가타야마가 퇴진하고 아시다 내각이 성립해도 상황은 변하지 않았다. 아시다 내각이 성립되자 천황은 더욱 더 강하게 내주를 요구했다. 결국 아시다는 7개월간의 재임 기간 중 10번의 내주를 수행했다고 한다(渡辺 앞의 책).

아시다는 어느 정도 천황과 타협하면서도 헌법의 이념을 잊지 않는 방식을 현실 정치에 적용하는 방법을 모색하고 있었다. 그렇기 때문에 강하게 내주를 요구하는 천황의 태도에 다소 곤혹스러워 했다. 천황은 일본을 둘러싼 국제정치에 관심을 보였으며, 미소 대립에서 미일관계의 중요성을 언급하는 등 조금씩 정치색이 짙은 교지를 내렸다. 신헌법을 제정한 후에도 천황은 여전히 내주나 교지의 존속을 갈망했던 것 같다. 고토우 무네토 (後藤致人)는 이것이 "천황의 군주의식에서 나온 행동"이라고 파악했다(『昭和天皇と近現代日本』).

　아시다는 수상취임 후, 일본국 헌법의 기본원리를 중시하고 상징천황제를 철저히 지키기 위해 노력했다. 그 결과 천황의 뜻에 반하는 것을 알고 있으면서도 구체적 방책으로 대신의 내주 금지, 궁중인사의 쇄신을 도모하여 천황 퇴진으로 이어지는 구체적인 방책을 제시했다. 제1방책은 천황이 친정(親政)을 하지 않는다는 것을 명확하게 하는 것이었다. 제2방책은 궁내부 장관 등 궁중 수뇌부의 교대를 염두에 두고 있었다. 아시다는 제3방책을 구체화하기 위해서 천황의 퇴위를 주장하는 다지마 미치지(田島道治)의 기용을 검토했다(後藤 앞의 책).

　예상과 다르지 않게 이러한 방책에 천황은 강하게 반발했다. 아시다가 신헌법에 입각해서 각 대신이 소관사항을 상주하지 않을 것이라고 고하자 천황은 수상에게만 내주할 것을 요구했다. 수상은 궁내부를 통할하는 권한을 가지기 때문이라는 것이 그 주장의 논거였다. 아시다도 천황의 이러한 요청을 거절할 수는 없었다(『芦田均日記』). 다지마의 등용 등 궁내부 수뇌인사를 제안했지만 좀처럼 천황의 이해를 얻을 수는 없었다.

　아시다에 의한 일련의 천황제 개혁방책은 쇼와 천황의 역린을 건드렸다고 한다. 같은 시기, 야당인 요시다 시게루는 아시다에 의한 궁중개혁을 저지할 수 있도록 동분서주하면서 GHQ에도 접촉했다. 천황은 요시다의 움직임을 지지했다고 한다. 그럼에도 불구하고 아시다는 가차 없이 개혁을 속행하여, 천황의 뜻을 무시하는 다지마를 궁내부 장관에 기용했다.

다지마를 궁내부 장관으로 임용한 것은 1948년 6월의 일이었는데, 아시다 내각은 곧 쇼와전공사건(昭和電工事件, 1948)이라는 뇌물수수사건으로 총사직하게 된다. 때문에 같은 해 10월에는 제2차 요시다 내각이 발족한다. 요시다와 다지마는 신속하게 긴밀한 제휴를 취할 수밖에 없었다. 왜냐하면 요시다가 내각을 조직하기 직전에 이미 도쿄 재판 결심에서 A급 전범에 대한 판결이 내려졌기 때문이다. 판결 전날, 쇼와 천황은 다지마에게 퇴위에 관한 교지를 내렸다. 다지마와 정보를 교환한 요시다는 같은 달 하순에 맥아더를 만나 퇴위를 보류한다는 발언을 끌어냈다. 맥아더 원수의 뜻은 다지마에 의해 천황에게 상주됐다.

이미 천황퇴위론은 궁중에서도 강하게 의식하고 있었다. 확실히 신구 황실전범에는 퇴위나 양위의 규정이 없었다. 그러나 쇼와 천황의 측근인 기도 고이치(木戸幸一) 등은 천황의 퇴위를 추진한다. 전쟁 책임이라는 특별한 이유가 있기 때문에 초법규적 조치도 고려해야 했다. 실제로 이 문제는 샌프란시스코 강화에서도 다시 불붙게 된다. 이때는 측근들도 퇴위론에 귀를 기울였다고 한다(吉田裕, 『昭和天皇の終戦史』).

쇼와 천황도 스스로 퇴위의 뜻을 주위에 전달했다. 천황은 전쟁 책임을 통감하여 패전, 도쿄 재판 판결, 강화조약 체결 때 퇴위를 암시했다고 한다(中村政則, 『戰後史と象徵天皇』). A급 전범으로 신병이 구속된 기도는 쇼와 천황의 전쟁 책임에 대해 언급했는데 이에 대해 천황은 측근에게 퇴위의 뜻을 표명한다(『木戸幸一尋問調書』). 요시다 수상은 사실상 천황의 뜻을 무시하여 퇴위를 저지했다. 요시다는 천황제를 대일점령정책에 이용하려고 한 맥아더의 방침을 용인했던 것이다.

정권을 획득한 요시다는 스스로 '신무(臣茂, 신하 시게루)'라고 칭하고 어디까지나 입헌군주제의 존속을 내걸었다. 요시다 내각이 발족하면서 천황 퇴위론은 사라졌다. 요시다 내각은 주권재민을 근저에 두었던 상징천황제를 중시하지 않고 천황에 의한 국민 통합을 중요시했다. 요시다는 천황을 국가의 핵심으로 하고 그 아래에 국민을 두는 관점을 제시했다(吉田茂, 『回想十年』). 요시다는 상징천황제를 추진한다는 현재까지의 방침을 바꾸어 신헌법의 이념에서 벗어났다.

요시다의 방침은 하토야마 이치로(鳩山一郎) 내각에도 계승된다. 외상인 시게미쓰 마모루(重光葵)는 계속 내주를 행했다. (『續 重光葵手記』). 인증식을 기회로 삼아 시게미쓰 외상은 천황에게 외교 정세를 설명하고 그 뜻을 물었던 일이 확인되었다. 시게미쓰 외상이 미국에 가기 직전에도 천황은 미일협조와 반공의 방침을 드러내고 진주한 군대의 철퇴를 저지하도록 시사했다(後藤 앞 의 책).

천황도 정부도 신헌법에 정해진 천황의 정치적 권능 상실을 진지하게 받아들이지 않았다. 물론 어느 정도 의식의 변화에 시간이 필요한 것은 어쩔 수 없는 일이었다. 이렇게 헌법에 반하는 천황의 정치 개입은 그 후에도 반복됐다. 1960년대에 들어서도 내주의 기회가 많았던 것은 간과할 수 없다(『入江相政日記』).

전후에도 쇼와 천황은 계속 정치에 강한 관심을 가지고 있었다. 전후 장기 집권을 한 사토 에이사쿠(佐藤栄作) 시대에 천황은 거듭 내주·하문을 통해서 헌법상에 규정된 상징 천황의 권능을 넘어서는 존재가 됐다. 이러한 보수 진영의 태도에 쇼와 천황은 만족하고 있었음이 틀림없다. 이러한 천황과 내각의 관계는 다케시타 노보루(竹下登) 정권까지 계속됐다.

고토 씨가 지적했듯이 나카소네 야스히로(中曽根康弘) 정권하에서는 수상공선제나 관저 주도가 제기되어 보수 본연의 태도에 대한 재검토가 요구됐다. 그러나 고이즈미 준이치로(小泉純一郎), 아베 신조(安倍晋三)의 두 내각을 봐도 알 수 있듯이 총리의 권한 강화나 관저 주도가 주장되어도 내각과 천황의 관계에 대해서 논의된 것은 거의 없었다.

쇼와 천황의 전후정치사

전후에도 여전히 쇼와 천황은 메이지 헌법 때와 같은 군주권을 가지고 있었다. 천황 스스로도 정치 방면의 정보를 요구하고 있었다. 내주는 오늘날까지 계속되고 있다. 그러나 쇼와 천황과 헤이세이 천황(平成天皇, 제125대)은 내주를 받아들이는 과정에서 자연스럽게 차이가 있었다. 평생 세계대전을 질질 끌었던 쇼와 천황은 만년에 췌장암을 앓아 도쿄대의 모리오카 야스히코(森岡恭彦) 교수에게 임시적인 수술을 받았다. 모리오카 교수가 집도를 할 때 경호가 매우 삼엄했다. 왜냐하면 옥체에 메스를 댄다는 것에 대한 통렬한 비판과 공격을 두려워했기 때문이다. 헤이세이 천황의 전립선암 수술과는 상당히 다른 것이었다.

천황과 국회의 관계도 달라졌다. 말할 것도 없이 메이지 헌법 하에서 제국의회 운영은 기본적으로 천황의 대권사항에 포함되어 있었다. 의회의 소집권 뿐만 아니라 해산권도 천황의 대권에 속해있던 것이다. 제국의회의 개회식은 다이쇼 말기에 공포되었던 <황실의제령(皇室儀制令)>에 의해 천황이 거행하는 조정의식의 하나가 됐다. 신헌법의 시행에 따라, 국회의 개회식 양상이 완전히 변했다. 개회식에 대해서는 철저하게 국회의 주체성이 존중됐다. 그럼에도 불구하고 현재까지도 여전히 개회식에는 참의원 본회의장에 천황이 참석하고 3권의 장 외에 중·참의 양원 의원이 출석하여 거행되고 있다.

　종합적으로 보자면 천황을 둘러싼 정치기구는 전후 새롭게 구축되었던 측면과 전전부터 계속되었던 측면이 모두 인정된다. 문제는 상징이 된 쇼와 천황 스스로가 갖는 의식이었다. 천황은 가타야마 내각에 난색을 표하는 등 내각조직에도 의견을 개진했으며 외교나 내정에 관한 내주를 강력하게 요청했다(『片山内閣』).

　전후 쇼와 천황은 정치에 매우 큰 관심을 기울여 정치 정보 수집에 여념이 없었다. 외교 문제에 관해서는 천황 자신이 그 방침을 명확하게 제시하기도 했다. 신헌법 체제 하에서는 정치적 권능을 갖지 못하게 된 천황이 이러한 태도를 취하는 것은 큰 문제였다. 특히 천황은 안전보장에 관한 내주에 지대한 관심을 갖고 스스로 외교 방침을 개진했다. 쇼와 천황은 기본적으로 대영미 협조노선을 선택했다(『芦田均日記』).

　쇼와 천황은 중요 안건의 경우 일본 정부를 경유하지 않고 직접 맥아더를 만나기도 했다. 천황은 맥아더 원수에게 전쟁 포기를 명기한 신헌법 9조에 대해 일본의 안전보장은 과연 괜찮은가라고 솔직하게 물었다. 회담을 거듭하는 가운데 천황은 미국에 일본의 안전을 맡기고 싶다는 뜻을 전했다. 천황의 불안은 당연한 것이었다. 이전까지는 대원수로서 육해군을 통솔했었는데 돌연 패전에 의해 어쩔 수 없이 무장해제를 당하고, 비무장

국가가 되었기 때문이었다.

제4차 회담에서 천황은 UN을 신용하지 않고 미군에 일본의 안전보장에 대한 약속을 강하게 요구했다. 이를 담보로 하여 천황은 무려 오키나와의 미군주둔 장기화를 인정한다는 제안까지 했던 것이다(進藤榮一, 「分割された領土」). 그 후에도 천황은 미군이 일본 및 주변지역에 나아가는 것을 지지, 용인한다는 발언을 반복했다. 쇼와 천황은 명백하게 상징천황으로서의 자각이 부족했다고 여겨진다.

쇼와 천황의 행동은 점령기의 최고 권력이었던 맥아더의 승인을 받아냄으로써 일본 정부의 의사를 견인하는 측면이 있었다. 동시에 천황은 연합국 안에 뿌리 깊게 자리 잡은 천황제 비판의 분위기를 바꾸기 위해서라도 미국의 지지를 받아낼 필요가 있었다. 전후에 천황이 각지를 빈번하게 순행한 일은 잘 알려져 있다. 쇼와 천황은 가장 먼저 맥아더에게 순행 승인을 받아냈다. 연합국의 비판을 염려하는 목소리는 민정국을 중심으로 한 GHQ 내부에도 존재했다(『戰後政治史の中の天皇制』). 다만 쇼와 천황의 정치적 측면은 확실히 인정할 수 있지만 그의 의중이 현실정치에 투영되었다고 보는 것은 너무 성급한 판단이다.

상징천황제의 방식을 규정하는 신헌법 제1조는 엄밀히 말해서 쇼와 시대에 그 효력을 충분히 발휘할 수 없었다는 의견도 있다(加藤典洋 외, 『天皇の戰爭責任』). 쇼와 천황은 평생 그 정치의식을 바꾸지 않았기 때문에 상징천황제를 구현했다고 말하기 어렵다. 상징천황제가 실질적으로 시행되는 시기는 헤이세이 천황 즉위 이후로 인식해야 할 것이다(中村, 앞의 책).

근래에 쇼와 천황에 관한 새로운 사료가 발견됐다. 이른바 '도미타 메모(富田メモ)'와 『卜部亮吾侍従日記(우라베료고 시종일기)』 등이다. 전자는 고(故) 도미타 도모히코(富田朝彦) 전 궁내청 장관의 메모로 야스쿠니 신사에 A급 전범을 합사하는 것에 대한 쇼와 천황의 반응이 서술되어 있어 많은 사람들의 관심이 집중되고 있다. 매스컴은 마쓰다이라 나가요시(松平永芳) 궁사에 의한 A급 전범 합사에 대해 쇼와 천황이 강한 불쾌감을 표명한 이후 쇼와 천황에 의한 야스쿠니신사 참배가 중단된 일을 센세이셔널하게 보도했다.

쇼와 천황이 삼국동맹을 추진한 시라토리 도시오(白鳥敏夫) 이탈리아 주재대사와 마쓰오카 요스케(松岡洋右) 외무상을 기피했던 사실은 다른 사료에서도 증명된다(「小倉庫次侍従日記」). '도미타 메모'는 쇼와 천황이 "그러므로 나는 그 이후 참배하지 않았다. 이것이 내 뜻이다"라고 강렬한 어조로 그 심정을 토로한 것만으로 큰 반향을 불러왔다. 8월 15일 고이즈미 수상이 야스쿠니 신사에 참배하기 직전이었던 시점이라는 사실도 적지 않은 영향을 끼쳤다.

이 '도미타 메모'가 '표면'상의 수장(궁내청장관)의 기록이라면

『우라베 일기』는 실로 드러나지 않는 '내부'의 시종일기이다. 양자를 성심껏 대조한다면 쇼와 천황 만년의 뜻을 적절하고 확실하게 파악할 수 있을 것이다(쇼와사에 정통한 호사카 마사야스(保坂正康) 씨와 『우라베 일기』의 감수를 담당한 미쿠리야 다카시(御厨貴) 도쿄대학 교수의 대담 「昭和天皇が守ろうとした歷史と宮中(쇼와 천황이 지키려고 했던 역사와 궁중)」『中央公論』).

'도미타 메모'가 주목받은 이유는 쇼와 천황이 국정에 대해 과잉이라고 생각될 정도로 관심을 기울이고 정치가를 구체적으로 비평했기 때문이다. 도미타 장관은 이러한 쇼와 천황의 정치적 견해를 있는 그대로 메모에 기록했다.

쇼와 천황은 나카소네 전 수상을 '성장했다'고 평가했다. 뿐만 아니라 나카소네 내각의 관방장관이었던 고토타 마사하루(後藤田正晴) 전 부총리와 다나카 가쿠에이(田中角栄)전 수상의 관계에 대해 당시 나카소네 수상이 내주한 자리에서 질문했다. 쇼와 천황은 고토타 관방장관을 기용한 것을 다나카파의 미끼로 보고 나카소네 내각을 다나카의 괴뢰정권으로 보는 시점을 가지고 있을 것이다.

이렇듯 상징천황과는 매우 거리가 먼 '하문'에 대해 쇼와 천황은 도미타 장관에게 자랑스럽게 이야기했음이 틀림없다. '도미타 메모'에는 당시 천황의 모습을 "눈을 가늘게 뜨고 말씀하셨다"라고 기록하고 있다. 쇼와 천황은 실로 정치지향적이었으며, 정치적 권능을 가지지 않는 상징천황의 작동방식을 충분히 이해하지 못하고 있었다.

상징천황을 모색한 헤이세이 천황

상징천황제에 조예가 깊은 다카하시 히로시(高橋紘)는 헤이세이 천황을 "상징이란 어떤 것이어야 하는가"를 모색한 천황으로 묘사한다. 그는 황실 기자로 활동한 오랜 경험과 뚜렷한 역사 인식에 기반을 두고 독자에게 헤이세이 천황의 모습을 생생하게 전달했다(高橋紘, 『平成の天皇と皇室』).

필자도 공감할 수 있던 것은 55세의 나이로 즉위한 헤이세이 천황이 즉위식에서 했던 "아버지 쇼와 천황께서 60여 년 동안 재위하시던 중, 어떠한 때라도 국민과 고락을 함께 하시던 그 마음을 명심하여 항상 국민의 행복을 바라고, 일본국 헌법을 준수하여 일본국 및 일본 국민 통합의 상징으로서 책무를 다할 것을 맹세하며, 국민의 뛰어난 지혜와 끊임없는 노력에 의해 우리나라가 한층 더 발전하여 국제 사회의 우호와 평화, 인류의 복지와 번영에 기여할 것을 진심으로 희망합니다"라고 발언한 것이다.

앞서 본 바와 같이 쇼와 천황은 헌법 제1조에 담긴 이념을 사실상 이해하고자 하지 않은 채 집요하게 정치에 관심을 표명한다. 쇼와 천황은 메이지 헌법하의 입헌군주제를 전후에도 계속 이어가고자 했던 측면이 크다고 볼 수 있다. 1952년 샌프란시스코 강화조약의 조인으로 일본은 독립하지만 이를 계기로 쇼와 천황의 퇴위를 요구하는 목소리가 커졌다. 쇼와 천황은 독립식에서 "과거를 되돌아보고 여론을 염려하며, 심사숙고한 뒤 스스로를 격려해서 무거운 짐을 견디고자 한다"라고 언급했다. 즉 스스로 전쟁 책임을 명확히 하며 물러나겠다는 뜻을 보이지 않았던 것이다.

이 때 황실에서는 불행이 이어졌다. 모친인 데이메이 황후(貞明皇后)는 독립 전 해인 1951년에 심장질환으로 훙거했다. 독립 다음 해에는 동생인 지치부노미야의 부고를 듣게 된다. 지치부노미야(秩父宮)는 이전부터 병상에 누워 있었으나, 쇼와 천황의 병문안을 고사했다고 한다(『天皇裕仁の昭和史』). 천황은 궁내청의 뜻에 따라 지치부노미야의 장례식에 결석했다. 이 부분을 둘러싸고 궁내청 내부에서는 의견 대립이 있었다고 한다.

한편 경사도 있었다. 1952년 11월, 후에 헤이세이 천황이 되는 황태자 아키히토 친왕(明人親王)이 태자가 되어 청년식에 임했다. 다음 해부터 황태자는 장기간 외국 방문 여행을 떠났다. 영국에서는 엘리자베스 여왕의 대관식에 참석했는데, 말하자면 아버지인 천황의 대리를 맡은 것이었다. 물론 패전국의 대표였기 때문에 미묘한 입장을 강요받았다고도 할 수 있다. 이 외유는 조국의 부흥을 꾀하는 일대 이벤트였다는 데 의심의 여지가 없다(藤島泰輔, 『実録・今上天皇』).

아키히토 황태자의 결혼 보도는 과열됐다. 사태를 진정시키기 위해 고민하던 궁내청의 뜻에 따라 동궁직 참여였던 고이즈미 신조(小泉信三)의 주도로 각 언론사에 자숙이 요구됐다. 하지만 이 보도협정에 가까운 합의는 외국 언론사에는 영향을 미치지 못했고, 오히려 엉뚱한 보도가 이어지기도 했다.

신헌법에 비추어 보아도 상징천황은 민주적이며 개방적인 황실을 만들어야만 했다. 때문에 이런 방향으로 황태자 교육이 진행됐다. 여러 정부 고관이 쇼와 천황에게 조언을 했고 GHQ의 의견도 반영되어 황태자의 영어 교사로 엘리자베스 바이닝 부인 (Elizabeth Janet Gray Vining, 미국인)이 기용됐다.

상징천황으로서 반드시 유지해야 했던 것은 궁중 제사와 황실 외교이다. 특히 후자는 영어 습득과 국제 감각을 요구했다. 쇼와 천황 시절부터 일본 황실은 영국 왕실을 강하게 의식했기 때문에 레지날드 브라이스(Reginald Horace Blyth, 영국의 일본문화연구자)가 준 영향도 무시하기 어렵다(高橋 앞의 책). 브라이스가 GHQ와 궁내성의 연결고리로 활동하기를 원했다는 점은 종종 지적된다. 다이크 CIE(GHQ민간정보교육국) 국장도 이를 지원한 것 같다.

한편, 1946년 가을에 바이닝 부인이 처음으로 궁내성에서 아

키히토 친왕을 만났다. 대면은 시종일관 자연스럽게 진행되었고, 바이닝 부인도 국제평화에 기여할 뜻을 표했다. (ヴァイニング, エリザベス·グレイ, 『天皇とわたし』) 부인은 아키히토 황태자에게 호감을 품었던 듯하다.

애당초 바이닝 부인이 지명된 것은 그녀가 여러 가지 신조를 인정하는 퀘이커교도(クェーカー教徒, 그리스도교 종파)였으며, 전시기간 동안 봉사활동에 전력했던 일 등이 긍정적으로 평가되었기 때문이라고 한다. 마쓰다이라 요시타미(松平慶民) 등 궁내성 간부들은 바이닝 부인에게 큰 기대를 품었다. 황태자에게 세계를 향한 넓은 시야를 배양해 주기를 바랐던 궁내성의 입장에서 부인은 영어교사 이상의 존재였던 것이다(吉田伸弥, 『天皇への道』).

다만 바이닝 부인의 기용 과정에서 쇼와 천황의 의사가 강조됐다. 브라이스는 GHQ의 뜻을 전달 받아 궁내성과 협의한 사실이 있다(木下道雄, 『側近日誌』). 한편, 쇼와 천황이 황실개혁을 목표로 하고 있었다는 견해도 있다. 바이닝 스스로는 천황의 초청이라는 것을 강하게 의식하여 중책을 맡는다는 각오를 했던 것 같다.

영어로 진행된 바이닝 부인의 수업은 중등과에서도 시행되었으며 동궁시종의 배석 하에 개인수업으로도 진행됐다. 친왕은 그 정직한 성격을 나타냈으며, 동시에 시종에 대한 과도한 의존을 보였다. 바이닝 부인은 천황가가 함께 살고 있지 않다는

점에 대해 애석함을 느끼고 그 마음을 주변에 보였던 것 같다. 부인은 이러한 가정환경을 문제시하여 궁내청의 낡은 사고방식에 반발하기도 했다(ヴァイニング, 앞의 책).

바이닝 부인은 동궁을 에워싼 시종들의 동향에 강한 위기감을 느꼈고, 이에 황태자의 환경에 대해 정부에 의견을 제시한 듯하다. 이러한 부인의 고언은 시종차장을 통하여 당시 수상이었던 가타야마 데쓰(片山哲)에게도 전해졌다. 가타야마 수상은 이를 쇼와 천황에게 솔직하게 보고했다. 수상의 지적에 천황은 당혹했으나, 일본 국민의 빈궁한 상황을 모른 체하고 동궁의 주거나 학교의 이축에 재정을 지출하는 길을 선택하는 것에 주저함을 느꼈다. 천황의 뜻은 수상에게도 전해져 결국 동궁직은 현상 유지하는 것으로 결정된다.

상징천황제의 구현

성년이 된 황태자에게 닥친 문제는 황태자비 선정에 대한 매스컴의 공세였다. 궁내청은 당초, 구 황족, 구 화족을 대상으로 후보자 리스트를 작성했다. 아직 전쟁이 끝난 지 얼마 되지 않았기 때문에 구 헌법하의 관례였던 황족 또는 고셋케(五摂家: 近衛家, 九条家, 鷹司家, 一条家, 二条家の5家)의 범위를 여전히 염두에 두고 있었던 것이다. 1950년 중엽 궁내청이 이 문제를 가지고 상당히 고심했던 것은 분명하다.

그러나 신헌법의 이념과 여론의 동향이 작용하여 태자비 후보가 민간인으로까지 확대되는 경향도 나타났다. 궁내청 차장은 정기적으로 국회 내각위원회에서 보고하도록 되어 있었는데, 그곳에서도 태자비 후보를 민간으로까지 확대할 것을 시사하는 발언이 등장했다.

이후 우사미 다케시(宇佐美毅) 궁내청 장관을 중심으로 선고(選考)위원회가 개최됐다. 여기에는 물론 고이즈미도 참석하여 마침내 민간의 좋은 집안에서 태자비를 맞이하는 방침으로 결정됐다. 대담하다고도 생각되는 의식변화인데 그 배후에는 쇼와 천황의 뜻이 가미되었던 것으로 보인다. 1958년 11월 하순, 황실회의가 열려 닛신제분(日淸製粉) 사장인 쇼다 히데자부로(正田英三郞)의 딸 미치코(美智子)가 황태자비로 내정됐다.

동궁직 참여인 고이즈미의 노력이 결실을 맺었다고도 할 수 있는데, 민간에서 태자비가 선정되었다는 사실은 예상을 뛰어넘는 반향을 불러일으켰다. 당시의 열광적 분위기는 '미치붐'으로 나타났다. 동궁 어소가 신축되고 장래 탄생할 아이용 공간이 미리 확보됐다. 다시 말해서 이 단계에서 이미 이전의 '사토코(里子制, 수양아들) 제도'와의 결별이 시도되었던 것이다. 이것은 헤이세이 천황의 강한 의사가 반영된 조치라고도 할 수 있다. 바이닝 부인의 바람도 반영되어 국민이 받아들이기 쉬운 '로열 패밀리상'이 그려지게 된다. '열린 황실'이라는 이미지가 강화된 것은 틀림없다.

주지하듯이 일찍이 황실에는 유모제도가 있었다. 탄생 후 머지않아 친왕이나 내친왕은 어머니로부터 떨어져 어소로 데려온 유모의 손에 길러졌다. 헤이세이 천황 때에도 이 제도는 살아있었다. 헤이세이 천황은 3살 때 부모의 곁에서 떨어졌다. 헤이세이 천황은 평소 진영(御眞影)을 바라보며 양친을 확인하는 것만이 허용되었다. 이러한 구습을 의문시여긴 천황의 판단은 지극히 타당한 것이었다. 물론 민간에서 황태자비가 된 미치코 황후의 존재가 컸던 것도 분명하다.

따스한 가정에 대한 동경은 헤이세이 천황의 뇌리에서 떠나지 않았다. 황태자 시절, 그의 좋은 버팀목이 된 고이즈미 동궁직 참여는 그 뜻을 알아차리고 수요회(水曜會)라고 하는 천황 일가가 단란한 시간을 보낼 수 있는 기회를 만든다. 현재의 황실 일가에 이러한 상황이 없는 것은 우려할만한 사태일지도 모르지만, 필자의 수비 범위를 넘어서는 문제이기 때문에 언급은 피하고 싶다. 단지 덧붙여 두고 싶은 것은, "쇼와 천황도 헤이세이 천황도 황실개혁에 열심이었다"는 것이다.

헤이세이 천황의 성실하고 정직한 자세가 일본 국민들 가운데 널리 알려져 있기 때문에 상징천황을 보기 좋게 구현하고 있다. 그 때문에 아무래도 천황은 '현상 유지적'이라고 오해 받기 쉽다. 그러나 그 족적을 살펴보면 헤이세이 천황이 얼마다 건전하고 온건한 개혁자인지 확인할 수 있다.

그 의미에서 황실의 전통은 크게 바뀌었다. 반면, 헤이세이 천황은 지켜야 할 전통은 철저히 지켰다. 천황과 황후 모두가 궁중 제사에 열심히 임하고 있는 것은 이미 지적한 바 있다. 많은 제사가 법령으로 정해지면서 쇼텐초(掌典長, 궁중 제사담당관)가 대신 절을 올리게 한 메이지 천황과는 크게 다르다(졸저, 『明治天皇』).

헤이세이 천황은 전후 사적 제사로 여겨지게 된 궁중 제사에 충실히 힘쓰며 국민의 안녕과 풍요로움을 바랐다. 확실히 1908년에 제정된 <황실제사령>은 전후 곧바로 GHQ에 의해 폐지되었지만 많은 제사들은 그대로 전해져 내려와 황실가의 사비로 거행되고 있다. 단지 위에서 설명한대로 다양한 궁중 제사는 고령의 천황, 황후에게는 조금 가혹하다. 따라서 궁중 제사 전문가의 의견을 수용하면서 재검토한 것이다.

또한 공무우선의 태도도 헤이세이 천황의 확고한 방침 중 하나이다. 그는 즉위 이후 이 방책을 고수하고 있다. 한편 혼인 전의 노리노미야(紀宮)는 부모님이 걸은 길을 "사람들의 고통받고 슬퍼하는 마음을 달래주는 일상"이라고 표명했다.

"공무라는 것은 없다"라고 해석하는 헌법학자도 있지만, 황족과 궁내청 관계자의 발언에서도 '공무'라는 단어는 빈번하게 나타난다. 레이와 현 천황과 동생 아키시노노미야 사이에서 '공무의 본질'을 둘러싼 견해의 차이가 표면화되었던 사건이 생생하다. 이것을 형제간의 알력 등으로 보도했던 매스컴은 논외로 치더라도, 황실 내부에서 '공무'에 대한 어느 정도의 공통된 인식이 없다는 것에 놀랐던 것이 어디 필자뿐이었겠는가?

유년시절부터 종종 제왕학을 수학했다고는 하지만 과연 현 천황은 상징천황의 실제를 어떻게 이해하고 있었던 것일까? 각 언론사는 아키시노노미야의 "공무는 수동적인 것"이라는 이해를 상당히 긍정적인 것으로 알린 것처럼 보였다. 공무의 재검토를 궁내청에 요구했던 현 천황의 태도는 결코 잘못된 것이 아니며, 아키시노노미야의 발언이 나오게 된 것도 황실이 건전한 분위기 속에 있다는 것을 반영하는 것이다.

언론인 중에서는 "황족에게는 의사가 없다"라는 잘못된 발언을 하는 경우도 있다. 황실전범의 규정에서 명백하게 보이듯이 황적 이탈에 이른 황족은 의사표시가 가능하다. 궁내 기자회와 회견할 때 궁내청의 참사관들은 사전에 회견 내용을 확인한다. 하지만 그 대상은 주로 헌법에 비추어보아 정치적 발언이라고 할 수 있는 측면을 피하고자 할 뿐 황실의 본질 등 일종의 사적인 발언에 붓을 든 적은 없다. 다만 일찍이 물의를 빚었던 황태자의 '인격부정발언' 등이 튀어 나왔던 적은 있다.

결코 궁내청이 황족을 속박하려고 하는 것은 아니다. 이 때 궁내청을 향한 격렬한 비난이 쇄도했지만, 그것은 두 줄기의 황실 저널리즘이 완성시킨 잘못된 황실관에 기인한다. 그 기능과는 별개로 제도로서의 상징천황제의 역사는 여전히 얕다. 황실과 국민의 관계를 건전하게 유지하기 위해서라도 매스컴은 보도에서 만반의 책임을 자각해야 한다.

궁내청의 역할

궁내성은 다이호 원년(701)에 성립된 대보령에 의해 처음으로 만들어진 관사이다. 전전의 궁내성은 그 흐름을 이어받았고 1908년의 <황실령>에 기반하여 관제가 명문화된다. 궁내성 의장인 궁내대신은 일련의 황실 관계 사무 집행에서 천황을 보필했다. 전후에 궁내성은 소장사무를 이관하거나 분리 독립시키면서 축소된다. 1947년에는 궁내부로 재편되어 직원도 대폭 감소했다. 일본국 헌법이 시행되어 천황이 '통치권의 총람자'에서 '상징'으로 전환한 것에 대응했던 조치라고 할 수 있다.

1949년에 총리부를 설치하면서 그 외국(外局)으로 궁내청이 탄생했다. 부처 재편에 따른 내각부의 설치에 따라 외국이 된 것이다. 공정거래위원회나 금융청과 같은 형태로 자리매김한 것이라고 할 수 있다. 궁내청은 헌법 7조에 규정된 천황의 국사행위 가운데 특히 외국의 대사나 공사의 접수 외 의식과 관계된 사무를 집행하고 천황의 공인인 옥새나 국가의 공인인 국새를 보관하는 중요한 직무를 수행한다.

설치법으로 궁내청법이 있으며, 제1조에는 소장업무가 규정되어 있다. 궁내성 장관이나 궁내성 차장 아래에 내부부국(内部部局)이나 지방기관이 설치된다. 장관, 차장은 중앙부서의 사무차관 경험자로 충당되는 것이 관례로 2008년 현재의 장관은 후생노동성 사무차관, 차장은 국토교통성 사무차관을 역임했다.

전후 장기간에 걸쳐 궁내성 장관을 수행한 우사미 다케시는 궁내청을 황실의 아내 역할이라고 설명했다. 천황의 국사행위나 황족의 공무 등을 보좌하는 기관이라고 이해할 수 있다. 내부부국에는 장관 관방(인사, 문서, 회계 담당), 시종직, 동궁직, 식부직(式部職, 궁중의식담당), 서릉부(書陵部, 문서나 자료 관리), 관리부가 마련되어 있고 지방지분부국(地方支分部局, 지방파견기관)으로 교토(京都) 사무소, 그 외 정창원(正倉院) 사무소나 고료 목장(御料牧場, 황실목장)이 있다. 의료면에서 황실을 후원하고 있는 궁내청 병원이나 황실 의무주관은 장관 관방에 설치된다.

흥미로운 사실은, 황족은 궁내청 병원이 아니라 도쿄 내의 유명 병원을 이용한다는 점이다. 미카사노미야 도미히토 친왕(三笠宮寬仁親王)은 암이 발견되었을 때 쓰키지(築地)의 국립 암센터 중앙병원을 이용했고, 최근에는 신주쿠의 게이오대학병원에 입·

퇴원하고 있다. 이외에도 궁가 중에서는 도쿄 내의 세이루카 국제병원(聖路加国際病院)를 이용하는 비율도 높다고 전해진다.

헤이세이 천황이 전립선암이었을 때는 도쿄대병원의 특별실에 입원했고, 국립암센터의 비뇨기과 팀이 치료를 담당했다고 한다. 천황의 전립선암은 외과수술로 완전히 절제하는 것이 불가능하여 현재에도 여전히 호르몬요법이 시행되고 있다. 진행이 더딘 암이기 때문에 보조적 치료법이나 경과 관찰이 적당하다는 것이 표준적인 의견이다. 국민이 걱정하는 마사코 황후(雅子皇后)의 적응장해는 게이오대학의 정신과의(보건관리센터 교수)가 치료를 담당하고 있다는 풍문이 있다.

시종직은 시종장을 우두머리로 하고 그 아래로 시종차장, 시종, 여관장, 여관(궁녀) 등의 직원이 배치되어 천황, 황후의 시중을 든다. 옥새와 국새를 보관하는 것도 이들의 중요한 역할이다. 동궁직은 동궁대부 이하의 직원으로 황태자, 황태자비, 내친왕 신변과 관련한 중요 직무를 담당한다. 시종직과 동궁직에는 시의(侍醫) 등 의사도 포함된다. 사릉부에서는 황실 관계 자료의 보관이나 능묘의 관리 등을 맡는다. 관리부는 황실 관계 시설의 정비를 담당하여 하야마(葉山), 스자키(須崎), 나스(那須)의 황실별장 관리를 담당한다.

고대 율령제 아래에서 보이던 '내사인(內舍人)'은 천황을 보좌하고 잡역이나 경비를 주된 직무로 삼았지만, 현대에는 천황을 비롯한 황족의 시중을 드는 역할을 수행한다. 경찰청 직속의 황실 경찰 호위관은 내사인을 겸임한다.

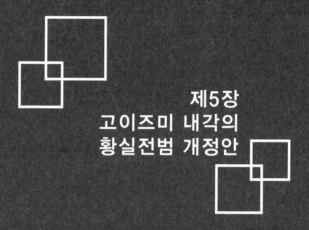

제5장
고이즈미 내각의
황실전범 개정안

'황실전범에 관한 유식자 회의' 개최

2004년 말 발족한 고이즈미 수상의 사적 자문기관 '황실전범에 관한 유식자 회의'는 그 다음 해 1월부터 본격적으로 심의에 들어갔다. 그 구성원들은 17차례에 걸친 심의를 거쳐 같은 해 11월 24일 수상에게 최종 보고를 제출했다.

유식자 회의의 구성원은 각계의 저명인사로 이들이 반드시 황실문제의 전문가라고는 볼 수 없다. 때문에 "처음부터 결론이 결정되어 있었던 것은 아닌가", "하물며 이 10명이 유사 이래의 전통을 자랑하는 황실 계승의 방식을 결정할 수는 있을 것인가"라는 비판이 쏟아졌다.

그러나 수상 관저 홈페이지를 자세히 읽는다면 이러한 염려는 기우에 지나지 않는다는 사실을 확인할 수 있다. 확실히 처음의 몇 번은 궁내청 측의 강의로 일관됐다. 이를 통해 천황의 국사행위나 궁중 제사 등을 소개하면서 위원들은 상호 공통적인 인식을 형성했다. 각 위원의 전문 분야는 정치학, 로봇공학, 사회심리학, 서양고전학 등 광범위했기 때문에 공통적인 인식을 반드시 공유할 필요가 있었다.

본래 유식자 회의는 여론의 동향을 주시하여 국민의 대표자라는 입장에서 황실의 장래를 조망하는 역할을 해 줄 것이라는 기대를 받았다. 일본국 헌법 제1조에 규정된 대로 천황은 국가, 국민 통합의 상징으로 천황의 지위는 주권자인 일본 국민의 총의에 기초하게 되어 있다. 따라서 정부의 유식자 회의 멤버 선정은 지극히 타당한 일이었다. 이는 정치학을 전문으로 하고 있는 필자의 견해이다. 황실전범은 헌법의 하위법이지만 이 법을 개정하는 데는 황실의 전통을 충분히 배려한 특단의 논의가 요구된다. 어떠한 형태의 개정이라도 황실의 전통을 존중하는 일이 대전제가 된다. 광범위하고 신중한 논의를 진행하기 위해, 정부는 국회 양원 내의 내각위원회나 특별위원회가 지속적인 심의를 진행하도록 국회에 요구하는 자세가 필요하다. 이는 모든 당파가 진지하게 몰두해야 할 과제이므로 물론 당론에 구속된다는 건 말도 안 되는 일이다.

　황위 계승에 대해 필자는 남계 계승의 장단점, 여계 계승의 장단점을 충분히 고려한 후에 2003년 『女帝誕生(여제탄생)』을 출판했다. 그 2년 전에는 초대 진무 천황부터 124대 쇼와 천황까지 역대 천황의 사적 등을 간단히 정리한 『歷代天皇総覧(역대천황총람)』을 간행했다. 이 책의 부제는 "황위는 어떻게 계승되는가"였다. 탈고 후 얼마 지나지 않아 필자는 "이대로 황통이 존속할 수 있을 것인가" 라는 불안감에 휩싸였다.

황실의 전통은 일본의 자랑이며, 일본인의 정신적 지주라고 해도 과언이 아니다. 그럼에도 불구하고 황위 계승의 역사를 돌아보면 그것이 얼마나 어려운 길을 걸어왔는지 새삼 인식할 수 있다. 실로 줄타기의 연속이었다. 만약 황통의 존속을 바란다면 먼저 황실전범에 내포된 구조적 모순에 주목해야 한다.

황통 존속을 위한 방책으로는 가능한 한 남계 남자가 계승하는 것이 바람직하나, 만약 남계로 유지가 어렵다고 판단되면 신속히 여계 계승을 용인하는 내용으로 냉정하게 논의를 진행하여 황실전범 개정안을 준비해 둘 필요가 있다. 사안의 성질상, 헌법의 하위법이라고는 하지만 그 역사와 전통에 입각하여 신중히 다룰 것이 요구된다. 히사히토 친왕(悠仁親王, 현천황의 조카, 황위 2위) 탄생 후에도 황통의 위기가 사라지지 않았다는 점은 충분히 인식할 필요가 있다. 2005년 이후, 이미 황실전범의 처리는 궁내청의 손을 떠나 내각관방으로 이관되었다(宮内庁).

이미 필자는 2003년 단계에서 여성 천황을 용인한다면 여계 천황도 용인할 수밖에 없다는 확신을 가지고 있었다. 물론 앞서 인용한 졸저 『女帝誕生』에서도 그렇게 서술했다. 유식자 회의 보고서가 고이즈미 수상에게 제출된 2일 후에 수상관저로부터 필자의 연구실로 그 보고서가 빠른우편으로 도착했다. 후에 황실전범 개정준비실장이 되는 내각 총무관의 배려라는 것을 알 수 있었다. 수상관저로부터 전화를 받았는데, 졸저 두 권이 내각관방장관에게 도착했다는 내용이었다.

보고서의 주요내용은 여성·여계 천황의 용인이었으며 여성 궁가의 창설도 상정되어 있다. 물론 유식자 회의 논의의 시안이 되었던 것은 궁내청의 안이었다. 그 안에는 오랜 세월에 걸쳐 꾸준하게 이루어진 궁내청의 연구 성과가 반영되어 있었다. 유식자 회의의 설치와 함께 전 관리부장 등 궁내청 직원이 내각 심의관으로 관저에 들어와 유식자 회의의 사무국 역할을 담당했다.

고이즈미 수상의 유식자 회의에 대한 자문내용은 '안정적인 황위 계승의 방식'이었다. 유식자 회의는 관계되는 자문을 받고 연구회를 추진하여 중요한 논점 정리에 몰두했다. 매회 회의의 추이나 관계 자료는 수상관저의 홈페이지에 게재됐다.

유식자 회의의 제2회 회합에서는 여성 천황의 궁중 제사로 논의가 확산된다. 사무 측에서는 10대 8명의 여성 천황 중, 지토 천황 이후의 7대 6명의 천황이, 신상제(新嘗祭, 수확제), 대상제(大嘗祭, 풍년기원제)를 거행했다는 주목할 만한 지적이 있었다. 위원들은 궁중 제사의 대배(代拜, 대신 절하는 관습)에 관한 의문을 제기했으며 쇼텐쇼쿠(掌典職, 궁중 제사관리)에 의한 대배가 일상적으로 이루어졌던 것이 밝혀졌다.

회의에서는 신구 황실전범 제정 시의 문제에 관해서도 논의가 이루어졌고 세대 내 계승(형제간 상호 계승)과 직계 계승 간의 우선순위, 만세일계의 개념이 화제로 떠올랐다. 만세일계에 대해서 사무 측은 '다의적이다'라고 했을 뿐 그 이상의 심도 있는 정의를 내리지 않았다.

만세일계를 남계주의와 같은 의미로 해석하는 것에는 의문이 있다. 만세일계는 본래 황적에 있는 자가 황위를 정통으로 계승하는 것이므로 남계주의와 혼동해서는 안 되기 때문이다. 현재의 헌법은 세습이라고 규정하고 있을 뿐이다. 물론 남계주의가 만세일계의 일면이라는 것을 부정하는 것은 아니다. 다만 만세일계의 한 측면인 남계주의가 만세일계를 모두 포괄할 수 있는 그 이상 무언가는 아니라는 것을 인식해야 한다. 제3회 회합에서는 시대에 따라 달라진 황위 계승의 경위에 관하여 "황통에 속한 남계에 의해 황위 계승이 이루어져온 것은 공통이지만, 에도 시대 이전에는 때때로 외척의 의중이나 천황, 상황의 의사에 따라 계승자가 확정되었다. 메이지 시대가 되자, 흠정 황실전범에 의해 성문화되었고, 현행 황실전범에서는 국회가 그 규정을 정한다"라는 것을 확인했다. 더불어 에도 시대 이전에는 서자, 양자도 인정되고 여성 천황의 즉위도 용인되었지만, 1889년에 제정된 황실전범에 의해 서자는 이전과 같이 인정되지만, 양자나 여성 천황은 부인되고 만다(앞의 졸저, 『女帝誕生』).

유식자 회의의 논의가 반드시 도리에 맞는 절차를 세워 추진되었다고 할 수 있는 것은 아니지만, 이후의 황위 계승을 고려하면서 중요한 논점이 논의되었던 것은 틀림없다. 예를 들면, 역사상 재위했던 10대 8명의 여제에 대해서도 종종 지적되는 '중계설(고대 여성 천황은 이전 천황으로부터 후대의 천황을 이어주는 중간 다리역할이라는 설)'이 검토되어 "중계라는 단어가 부적절"하다는 것, "상당히 중요한 실적을 남긴 경우가 있다"는 것을 확인한 것은 의미가 있다. 실제로 종신제가 채택되고 있던 시대에 스이코 천황의 장기 재위는 도저히 '중계'라고 말할 수 없으며, 지토 천황처럼 남편인 덴무 천황의 치적을 견실하게 계승하여 수도를 후지와라쿄(藤原京)로 천도하거나 아스카키요미하라령(飛鳥浄御原令, 일본 최초법령)을 제정하여 실시한 것과 같이 중요한 역할을 완수했던 여제도 있다(首相官邸HP, 앞의 졸저, 『天皇と官僚』).

전문가의 견해

유식자 회의에서는 황실 제도의 사고방식과 역사에 관해 인식을 공유한 이후, 황위 계승제도에 관한 전문가들의 의견을 청취했다. 정부는 여론이 여성 천황을 대체로 용인하고 있지만, 남계 계승을 요구하며 전통을 중시하는 일부의 의견도 배려하여 폭넓게 전문가를 모집했다.

전문가의 의견은 천년 이상 이어진 황위 계승의 전통을 진중하게 수용해야한다는 것으로 모아졌다. 그 전통의 수용방법과 황실의 장래상에 관해서는 의견이 나뉘었다. 단 한 번의 예외도 없이 남계로 계승되어온 전통을 고정된 원리로 간주하고 변화를 위험시하는 남계론자와 남계 계승을 무한정 추구하면서 황통 단절이라는 만일의 경우에 대비해 여계 천황(모계가 천황가의 피를 잇는다)까지 인정해야한다는 여계론자로 크게 나뉜다.

천황과 황실의 역사·전통의 의의에 관해서는 전문가에 따라 다양한 견해가 나타난다. 천황이나 황실이 그 시대의 사회질서를 반영하고 있고 정치사회의 질서유지에 크게 공헌해 온 것이 지적됐다. 상징천황제도와 민주주의를 어떻게 조화시켜 갈 것인가라는 중요한 문제의식을 제시한 전문가도 있었다. 물론 '안정적인 황위 계승'은 중요하지만, 상징천황제와 주권재민의 관계를 배려하여 국민이 납득할 수 있는 황위 계승의 방법을 모색할 필요가 있다.

앞서 보았듯이 황위 계승 자격의 방법에 대해서는 전문가들 사이에서 크게 의견이 나뉘어 끝까지 남계를 존중해야한다는 생각과 여성 천황·여계 천황을 용인하는 사고방식이 각각 제시됐다.

남계주의를 주장하는 논자들은 현재까지 황위 계승의 역사에서 단순히 직계에 의한 계승이 행해진 것뿐만 아니라, 방계에서도 남계가 지켜져 왔던 점을 강조하고 있다. 이에 대해 여성·

여계 천황 용인의 입장에 선 전문가들은 과거 역사상 여계가 달성한 역할을 평가하여 요로 율령(養老律令, 757년) 계사령에서 "여제의 아이도 또한 마찬가지"라는 사실상 여계 천황이 용인되고 있었던 것 등을 증거로 제시했다.

남계론자들에 따르면 각종 여론조사에서 80%에 가까운 국민이 지지하는 것은 여성 천황이고 이를 여계 천황까지 인정하는 것으로 해석하면 안 된다고 주장한다. 한편, 여성·여계용인파의 논자들은 상징천황제에서 중요한 것은 국민들에게 널리 지지받는 것이라고 말한다. 헌법이 규정하는 황위 계승의 방식도 '세습'뿐이기 때문에 문제가 되는 것은 혈통이다.

여성·여계 용인파는 현행의 황위 계승 제도가 상당히 융통성이 없기 때문에 장래의 황위 계승을 불안정하게 하고 있다는 의견을 표명했다. 그것은 비공식적으로는 다이쇼 천황 때부터, 공식적으로는 전후 측실제도가 폐지되고 서계 계승의 가능성이 박탈당한 것과 관계가 있다. 과거 황위 계승의 약 절반이 서계 계승이었던 점을 생각해보면, 현행의 황실전범이 요구하는 '남계의 남자'의 기반은 이미 무너져 있는 것이다.

무엇보다도 GHQ의 지령에 따라 11궁가 51명이 황적을 이탈한 것은 치명적이었다. 지금에 와서 이야기해도 어쩔 수 없지만 샌프란시스코 강화조약이 체결된 후 신속하게 구 황족의 복귀를 진행했어야 했다. 애당초 결과적으로 '강요당했다'고 일컬어지는 현행헌법의 개헌을 기본 방침으로 삼는 자민당이 장기 정권을 유지하면서 헌법개헌에는 좀처럼 발전이 없었기 때문에 어쩔 수 없었던 것일지도 모른다. 현재까지도 자민당 내에서는 왕성하게 헌법 개정을 논의해 왔지만, 헌법 개정의 절차법인 국민투표법 성립에만 60여 년의 세월이 걸렸다. 이는 훌륭한 경성 헌법이라고 할만하다.

　남계·남자론자들도 현행 황실전범의 한계를 수용하는 사고 방식은 보인다. 그 한계를 극복하기 위해 구 황족의 황적 복귀와 양자 제도 등이 제안되고 있다. 하지만 남계론자의 커다란 약점은 어째서 황위가 남계에 의해 계승되어온 것인가를 설명하지 못한다는 점에 있다.

여계주의가 배려해야할 것

　남계주의를 주장하는 사람의 대부분은 황통이 남계주의로 일관되고 있는 것이 황실 권위의 원천이라고 피력한다. 이에 대해 여계주의의 입장에 선 논자는 상징천황제 하에서는 황실 권위의 원천이 국민의 지지에 바탕을 둔 측면이 크다고 강조한다. 여계론자는 남계론자가 제안한 구 황족의 황적 복귀나 양자의 해금은 오히려 천황의 국민통합력 저하를 초래한다는 우려를 표명한다.

어떠한 실증적인 검토 없이 계속 전통만을 중시여기는 사람들이, 유사 이래 전례가 없다고 여겨지는 여계 천황의 존재를 반대하는 것은 어쩔 수 없다. 그러나 구 황족 가운데 황적에 복귀한 이들은 대개 현재의 황실과 600년 전에 결별한 후시미노미야(伏見宮, 전후 황적 이탈한 11궁가)계이며, GHQ의 지령으로 황적에서 이탈하여 60년의 세월이 경과했다. 이미 황실 생활과는 무관한 사람들이 아니겠는가? 필자는 이렇게 생각하고 있지만 혹시나 많은 국민이 옛 궁가의 부활을 지지한다면 물론 그렇게 해도 상관없다. 일본국 헌법 제1조가 인정하고 있는 것은 주권자인 국민의 총의에 입각한 상징천황제이기 때문이다.

남계론자든 여계론자든 황위 계승 자격자가 바닥나 있다는 인식은 일치한다. 문제는 그 경우 남계의 궁가를 복구하든, 여계의 궁가를 창설하든 어느 쪽이 주권자인 국민의 기대에 부응하는 방침인가이다. 전자는 남계의 전통을 기반으로 한 것이고 후자는 현 황실의 직계를 중요시 여기는 사고방식이다. 예외 없는 남계인지 여부를 명확하게 하면서 국민의 평균적 황실관에 주목해야만 한다.

주지하듯이 총리가 유식자 회의에 자문을 구한 것은 '안정적인 황위 계승'이다. 안정성도 황위 계승을 생각할 때 필수적으로 고려애햐 할 부분이다. 남계론자는 구 황족의 황적 복귀 등을 제안하고 있지만 만약 구 궁가의 남자가 궁가를 계승한다고 하더라도 약간의 연명효과를 기대할 수 있을 뿐, 남계주의를 관철하는 한 황위 계승은 조만간 막다른 상태에 빠진다는 견해도 등장했다. 옛 궁가로부터 황위 계승 자격자를 보충하는 것에는 한계가 있어 공급원으로는 불충분하다고 여겨진다.

현재의 황실전범은 많은 점에서 구 황실전범을 답습하고 있다. 1889년에 제정된 구 황실전범은 당시까지 성문화되지 않았던 황위 계승의 규칙을 법으로 정했다는 점에서 큰 의의가 있다. 그러나 그 제정 경위를 보면 정부 안에서도 우여곡절이 있었다는 것을 알 수 있다. 적어도 초안단계인 <황실제규>까지는 여성 천황은 물론, 여계 천황도 인정했다(앞의 졸저, 『女帝誕生』). 여계론자가 지적하는 것처럼 요로 율령의 계사령이 고대로부터 근대까지 살아남은 증거일지도 모른다. 신도가(神道家) 다카모리 아키노리(高森明勅)는 근세까지 여계 계승이 부인된 적은 없었다는 주장을 하고 있는데, 이는 정곡을 찌른 견해이다.

물론 중요한 과제는 황위의 정통성만이 아니다. 남계·남자에 의한 계승의 경우에도 여계·여성에 의한 계승의 경우에도 많은 과제가 남아 있다. 전문가를 초빙했을 때의 질의응답에서도 주의를 요해야 할 것들이 있다.

도코로 이사오(所功) 교토산업대학 교수의 발언에 대해 위원들이 던진 질문 중에는 여성 천황의 배우자에 대한 문제가 있었다. 일반적으로 황배(황실의 배우자)나 황서(황실의 사위)라고 불리는 존재에 대한 문제였는데, 도코로 교수는 '거기에 상응하는 분'이라고 언급하는데 그치고 있다. 논의의 핵심으로서 다루어지지 않고 있지만, 피할 수 없는 반드시 해결해야 할 과제이다.

왜냐하면 구 황실전범의 제정에 따른 논의 내에서도 황서의 문제에는 중대한 관심이 모아지고 있었기 때문이다. 사실 초안을 읽어 본 이토 히로부미가 이 문제를 '난제'(구 황실전범 제13조)라고 이해한 것을 간과할 수 없다. 메이지 헌법의 시대에는 황서가 여성 천황을 통해 정치에 참견할 가능성을 경계했기 때문에 더더욱 그러했다. 그러나 천황이 상징으로 여겨지는 현 헌법 하에서는 그러한 염려는 필요 없을 것이다. 천황 자체가 더 이상 정치적 권능을 가지고 있지 않기 때문이다.

여성 천황의 배우자 선정에서는 당연히 본인의 의사가 최대한 존중되어야 한다. 그렇다고는 해도 주위로부터 '그것에 상응하는' 인재를 구한다면 황서 선택은 황비 선택 이상으로 험난한 과정이 될 것으로 예상된다. 필자는 여계 천황을 용인하는 경우 이 사위의 문제를 정면에서 논하지 않는 것은 무책임하다고 생각한다.

한편으로 필자는 졸저 『女帝誕生』에서 '여계 계승은 가시밭길의 시작인가'라고 서술하여, 사위의 선정과 처우라고 하는 난제를 어떻게 해결할 것인가에 대한 논점을 제시한 바 있다. 이 논점에 대해서는 자민당 집행부에서도 지적했으며, 자민당의 내각부회에서도 의견을 진술하여 주의를 환기시켰다. 다행히 자민당 내각부회에는 내각 총무관과 내각 심의관도 참석했다.

이러한 과정을 거쳐 보고서에 '여성 천황, 내친왕, 여왕의 배우자에 대한 제도'와 '섭정취임자격·순서'가 첨가된 것은 참으로 적절했다고 할 수 있다. 전자에 대해서는 호적상의 취급도 남성 황족과 같이 "결혼한 때에 그 호적에서 제외시키고 황통보에 등록한다"라고 명확하게 밝히고 있다.

의견 집약으로

유식자 회의로 돌아와서, 남계론자에게도 위원들은 질문을 던졌다. 위원들은 우선 구 황족의 황적 복귀에 대해서 질문했다. 구 황족은 60년의 긴 세월동안 국민의 눈에 보이지 않는 상태인데, 이들의 이미지를 알지 못하는 상황에서 복귀를 인정한다면, 과연 국민은 이것을 상징으로서 어떻게 받아들일 것인가라고 지적한 것이다. 전문가들은 여계야말로 전대미문이며 실로 큰 위험성을 안길 가능성이 높다고 판단하고 그에 비하면 남계 유지를 위해 구 황족의 복귀나 양자를 채용하는 편이 위화감이 적다고 기술됐다.

위원들은 거듭하여 양자 채용에 관련한 우려, 예를 들어 맞아들이는 궁가 측의 사정 등에 대해서도 질문했다. 남계론자들은 이에 대하여 이후의 혼인 형태에는 여러 가지 변화가 있다는 것을 지적했다. 현재의 궁가가 데릴사위를 맞아들여 남자 아이의 탄생을 기다리는 방법 등이 그것이다. 물론 데릴사위의 대상으로 고려되는 것은 구 황족이다. 이를 바탕으로 남계로 계승하자는 생각인 것이다.

확실히 일반 국민은 여계 천황의 의미나 그 의의를 충분히 이해하고 있지 않다. 여성 천황과의 구별이 제대로 되지 않는다는 남계론자의 지적은 핵심을 짚는다. 하지만 데릴사위 문제는 까딱 잘못되면 정략적인 혼인이 될 우려가 있다. 간접적인 것이라도, 황실전범에 여성 황족의 결혼 의사를 속박하는 규정이 만들어져서는 안 될 것이다.

10명이 10개월간 심의한 데 대해서 '졸속'이라는 일부의 비판도 있다. 그러나 현재의 황실이 놓인 상황을 보면 황위 계승 범위를 남계 남자에서 여계 여자에게까지 넓힌 것은 적확한 판단이 아니었을까?

현실적인 황위 계승 자격자는 아키시노노미야(秋篠宮, 현천황 동생)와 그의 아들 히사히토밖에 없으며, (2006년 아키시노노미야에게 대망의 히사히토 친왕이 태어났지만) 헤이세이 천황의 손자 대를 보아도 전부 여성 황족뿐이다. 현행 황실전범으로는 조만간 막다른 데 몰릴 것이 확연하다. 히사히토 친왕(悠仁)이 성장하는 동안에도 현행 황실전범인 채로 있으면 궁가 대부분의 내친왕이나 여왕이 혼인을 위해 황적에서 이탈하여 궁가 자체가 축소, 소멸할 가능성조차 있다(졸저, 『中央公論』2006年4月号).

국민에게 친숙하지 않은 구 황족의 복귀나 우여곡절이 예상되는 양자제도의 부활보다는 국민의 눈이 닿는 현 황실의 직계로 황위를 설정하는 편이 훨씬 자연스럽다. 또한 이것이 국민의 이해와 지지를 얻을 수 있을 것임이 틀림없다.

유식자 회의에서는 황족의 범위에 대해 토의하여 내친왕을 황실에 남게 하고 천황으로부터 3대 이상 떨어진 여왕에 대해서는 황실회의의 논의를 거쳐 그 의사에 입각한 황적 이탈을 인정하는 방침을 택했다. 황적 이탈 제도의 탄력적 운용으로 황족비(皇族費)의 팽창에 제동을 거는 조치를 강구해 놓았다고 보는 것이 타당하다.

첫 아이 우선이라는 방침 결정에서도 이런저런 논의가 전개된다. 마지막까지 같은 형제자매 사이에서의 남자 우선은 유력한 선택지였다. 궁중 제사는 여성 천황이라도 문제없다는 것이 일찍부터 확인되었다고는 해도, 임신, 출산, 육아 등의 부담이 더해지는 여성을 배려했기 때문이다. 최종적인 국면에서는 국민들이 알기 쉽다는 점이나 조기 제왕교육의 필요성 등의 관점에서 첫 아이를 우선하는 것이 더욱 '안정적'이라는 판단이 내려졌다.

유식자 회의의 심의 중에 화제가 되었던 것은 천황가의 의향을 물을 것인가 말 것인가 하는 점이었다. 매스컴의 보도를 살펴보면 천황과 황후를 위시한 황족들의 의견을 물어야 한다는 주장도 적지 않았다.

천황에게는 정치적 권능이 없는 것뿐이므로 의사 표시가 불가능할 리는 없다. 황실전범에는 황족의 의사를 인정하는 규정이 마련되어 있다. 다만, 유식자 회의에서 논의된 것은 황실전범이라는 법률의 개정에 관련된 문제이며, 황위 계승을 규정한 황실전범에 대한 황족의 의견 표명은 정치에 대한 관여로 간주될 여지가 충분히 있다. 굳이 정면으로 천황가의 뜻을 묻지 않았던 정부의 판단은 타당한 것이었다.

이러한 상황에서 미카사노미야 도모히토(三笠宮寬仁, 헤이세이 천황의 사촌동생) 친왕은 당당하게 남계 지지를 표명했다. 어디까지나 황실의 전통을 존중하려 하는 친왕의 태도가 많은 공감을 불러왔던 것은 틀림없다. 미카사노미야의 발언에 궁내청은 당혹했으나, 황족의 의견이 제시되었다는 것을 통해 황실이 건전한 분위기 아래 있다는 것을 새롭게 확인할 수 있었다. 그러나 발언의 내용은 황실전범이라는 법률의 개정에 관계된 정치적인 문제였던 만큼 궁내청 장관은 회견을 통해 미카사노미야의 발언에 제동을 걸 수밖에 없었다. 이것 또한 현행 헌법에 비추어

보면 적절한 행정적 대응이다.

역사를 읽는 법

보고서의 내용은 지극히 타당했다. 필자가 자민당 집행부와 각 언론사의 취재에서 요청한 '황서의 선정과 대우'에 대해서도 배우자의 신분, 명칭, 계승, 혼인수속 등으로 명확하게 담았다. 호적상의 처분, 황통 계보의 등록 등 적절한 대응이 이루어지고 있다. '여계 계승'의 용인에 발을 들이며 배우자(황서)에 관해 제언하지 않을 수 없다. 그러나 이것은 항간에 역성혁명이라고 불릴 가능성이 있는 만큼 의외로 성가시다. 유식자 회의에서 '만세일계'에 대해 공통적인 인식을 형성하지 않은 것도 원인 중 하나이다. '만세일계'가 '남계주의'라는 등식으로 이어지지 않는다는 것이나 그 신화성을 명확하게 확인하지 않은 것은 이러한 문제와 밀접하게 관련되어 있다.

황통보(皇統譜)에서 역대 천황은 남계로 황위를 계승했다고 되어있다. 그러나 그러한 남계주의는 다카모리 씨가 적절하게 지적하고 있듯이 '시나부계제(シナ父系制, 중국부계제)'에 근간을 둔 '성(姓)' 개념으로 규정되어 있다. 예로부터 일본의 혈연원리에는 부계, 모계 두 가지가 인정된다. 제3장의 논의를 되돌아보면서 이 문제를 생각해보자.

7세기 역사를 보면 고대 일본은 중국화를 추진하면서 실제로는 당의 삼성제(중서성, 문하성, 상서성)를 채용하지 않고 대신 태정관제를 채용했다. 분명히 제도의 설계자는 중국의 황제와 일본의 천황의 정치적 성격이 달랐음을 숙지하고 있었다. 중국의 혁명사상에는 현실의 지배자로서의 황제를 감시하는 천상의 천제가 있지만 일본에서는 『古事記』와 『日本書紀』에서 나타나는 '천손강림 신화'에 의해 천황이 신의 자손으로 인식된다.

'만세일계'란 일본 역사상에서는 역성혁명이 일어나지 않았다는 신화이다. 적어도 상대에는 왕조 교체가 일어났었지만, 나라 시대의 위정자들은 이것을 인정하지 않았다. 유식자 회의의 보고서대로 여계 계승에 따른 배우자의 황족화는 호적상의 '성'의 말소, 황통보 등록을 의미하는 것이지 혁명이 일어난 것은 아니다. 전통에 위배되는 사항도 아니다. 헌법 제2조에서 말하는 '세습' 즉, 혈통이 중요한 것이다. 남계인지 여계인지는 별로 큰 문제가 아니다. 필자는 현대의 여계 천황의 탄생은 상징천황제에 맞는 황위 계승법의 제정이라고 본다.

일본 역사상 여성 천황이 10대 8명 재위한 사실은 상당히 널리 알려졌다. 필자가 『歴代天皇総覧』을 출판한 2001년 말에 여성 독자로부터 "이렇게 여제가 있었습니까?" 라는 전화가 편집부에 왔었다는 말을 듣고 조금 놀란 기억이 있다. '여계 천황'이 이해되지 않는 것도 납득이 간다. 황통보 상으로도 '여계 천황'은 존재하지 않는 것으로 되어 있다.

필자가 근무하는 게이오대학 법학부에서 하는 강의는 '고대일본 정치사'이다. 이 강의에서 제일 기본적인 사료는 『古事記』, 『日本書紀』나 『続日本紀』, 육국사와 율령(현존하는 것은 요로율령), 『令義解(영의해)』나 『令集解(영집해)』등이다.

『古事記』와 『日本書紀』는 8세기 전반에 완성한 관찬 사료로 6세기경에 정리한 『帝紀(제기)』나 『旧事(구사)』에 근거한다. 『古事記』와 『日本書紀』는 7세기 말부터 8세기 전반 후지와라 후히토가 정치적으로 대두할 시기에 만들어진 이데올로기서이다. 동시에 대(對)동아시아 정책을 강하게 의식한 율령과 함께 외교적인 기능이 있을 것으로 기대됐다(졸저 『天皇と과 官僚』).

중화사상에 입각한 당이 덕화를 명목으로 군사행동을 일으키는 것을 피하기 위해 일본은 당의 법체계인 율령을 적극적으로 도입하고 문명국의 증거인 국사의 편찬사업에도 힘쓴 것이다. 이러한 중국화의 추진은 동아시아에서 일본의 지위를 향상시키는데 공헌했다.

『古事記』와 『日本書紀』에 상당한 수준의 조작과 수식이 가해진 점은 주지의 사실이다. 현재 고대사 학계에서는 초대 진무천황부터 제14대 주아이 천황(仲哀天皇)까지는 실재 여부가 의심스럽기 때문에 신화시대의 천황으로 여기고 있다. 실재가 확실한 것은 제15대 오진 천황 이후이다. 『古事記』와 『日本書紀』자체가 율령 국가를 정통화하는 국사이기 때문이다.

이 시대에는 지토 천황과 후지와라노 후히토의 연대가 긴밀했으며 태정관은 후히토를 위시한 덴지계 관인들이 차지했다. 구사카베 황자의 요절로 한번 실의의 나락으로 떨어진 적이 있던 지토 천황은 다시금 사랑하는 손자인 가루 황자의 즉위를 위해 직계 계승을 목표로 삼았고, 다른 덴무계 황자들이나 진신의 난 공신들에게 대항했다. 결국 몬무 천황이 즉위하고, 지토는 태상천황이 되어 이를 후견했으며, 후히토는 딸인 미야코를 부인으로 입궁시켰다(平野邦雄編, 『大化の改新と壬申の乱』).

이후 후히토는 천황의 외척이 되어 권력을 휘둘렀고, 오비토 황자(후의 쇼무 천황)에게 황위를 계승시키고자 억지를 썼다. 구사카베 황자의 직계 계승 노선임을 피력하며 중천황(中天皇, 여성 천황)으로 겐메이, 겐쇼 두 여제를 배출했다. 자식이 어머니에게 황위를 계승하는 것을 정당화하기 위해 겐메이 천황의 즉위 선명에는 '불개상전(不改常典)'이 들어가야 했다. '불개상전'이란 오미 조정에서 덴지 천황이 제정한 법, 즉 직계 계승의 규칙을 뜻한다. 물론 이것은 후세가 덴지 천황의 법을 빌린 것이다.

이 시대에 편찬된 『古事記』와 『日本書紀』에는 이데올로기가 투영되어 있으며, 초대 진무 천황을 포함하여 제13대의 천황은 직계 계승을 한 것으로 되어 있다. 하지만 그 후에는 세대 내 계승(형제간 계승)이 일반화된다.

　고대 사학계나 고고학계에서는 상대의 왕조 교체설이 유력하다. 게이타이 천황이 다시라카히메를 아내로 맞은 일은 야마토 조정이 지방 호족에 제압당했던 것을 나타낸다고 여겨진다. 즉 『日本書紀』에서 게이타이는 '오진 천황의 5세손'으로 되어 있으나 이는 신빙성이 떨어진다. 부레쓰 천황의 사후 후사가 없었기에 황위 계승을 둘러싸고 조정의 혼란을 틈타 에치젠, 오미 지방의 세력이 침입하여 항쟁 끝에 황위를 찬탈한 것으로 보인다(앞의 졸저, 『歴代天皇総覧』).

　게이타이 천황은 부레쓰 천황의 누이인 다시라카히메를 아내로 맞이하는 것으로 전 왕조와의 연속성을 가장했다. 『古事記』와 『日本書紀』는 사실상 황통이 단절되었지만 오토모 가나무라(大伴金村) 등의 노력으로 오진 천황의 5세손인 게이타이를 찾아냈다고 사실을 조작한다. 이후 율령에도 규정된 것처럼 적어도 고대에서는 여계 계승이 인정됐다.

　참고로 유식자 회의에는 고대사 전문가인 사사야마 하루오(笹山晴生) 도쿄대학 명예교수가 참여하고 있었지만 결정적인 반론을 내세우지는 못했다. 사사야마는 일본 고대의 군제에 관해 뛰어난 업적을 내고 있는데, 전임자인 이노우에 미쓰사다(井上光貞) 도쿄대 명예교수의 견해(고대의 '여계계승'을 용인)를 아울러 생각해 보면 다른 의견의 여지는 없는 것 같다.

메이지 정부는 대일본제국헌법의 제정에 따라 만세일계의 신화를 꺼내들었고 이로써 천황제 국가 확립을 서둘렀다. 발상만 보면 다이카 개신 이후의 율령 국가 형성과 매우 유사하다. 메이지 헌법 제1조에는 "대일본제국은 만세일계의 천황이 이를 통치한다"라고 규정되어 있으며, 제3조에는 천황을 신성불가침한 존재로 기술했다. 이러한 규정의 배후에는 이토 히로부미의 천황관이 반영되어 있었다. 메이지 유신 이후 2개의 천황관이 병존했다는 사실은 잘 알려져 있다. 절대적 천황관과 제한적 천황관이 그것이다. 즉 후자는 천황이 헌법에 기반을 두고 통치권을 행사한다는 시각이다(中野正志, 『万世一系のまぼろし』).

이토의 이러한 발상은 메이지 10년대 후반(1870년대)에 이루어진 서구의 헌법조사에서 나온 것이었다. 일본에서는 모든 권력을 정당화하거나 혹은 부정할 수 있는 기독교의 대체물로 황실의 전통 이외의 것을 찾을 수가 없었다(앞의 졸저 『天皇親政』). 상징천황제로 되었지만 역시 황실이 일본인의 정신적 지주라는 사실은 변하지 않는다.

이해하기 힘든 '제사의 문제'

현행의 황실전범에는 37조의 조문이 있지만 유식자 회의에서 검토의 대상이 된 것은 그 중 황위 계승에 관한 제1조부터 제4조, 황족에 관한 제5조부터 제15조, 섭정에 관한 제16조부터 제21조에 한정됐다.

보고서의 기본적 입장은 어디까지나 국민의 이해와 지지를 얻을 것, 전통을 이해하는 것, 제도로서의 안정성 추구 3가지였다. 따라서 '여성 천황, 여계 천황'을 용인하여, 황위 계승 순위에는 남녀에 한정하지 않고 '천황직계의 장자(제1자)'를 우선한다는 결론을 내렸다. 거의 궁내청의 원안에 가까운 결론에 이르렀다고 봐도 무방할 것이다.

궁내청에서는 2005년 1월에 개회할 유식자 회의에 대비하여 기존의 연구 성과를 근거로 2004년 11월 21일까지 다양한 참고 자료를 정리했다. 그 중에서도 주목받는 것은 황위 계승과 관계되는 시뮬레이션과 황족의 범위에 관한 '仮定に基づく系図(가정에 근거하는 계도, 미정고)'이다. 물론 내용은 단순하지만 헤이세이 천황 이하 황위 계승 자격자와 4명의 내친왕의 연령에 대하여 10년마다 그 추이를 실명으로 기록하고 있다.

우선 처음으로 거론된 것은 '世数限定案の場合(세수한정안의 경우)'로 헤이세이 천황 대부터 2023년까지 상정되어 있다. 여기에 2023년부터 2050년까지 황태자 즉위 후의 대가 이어진다. 뒤이어 시선을 사로잡는 것은 2050년부터 2091년까지 아이코 내친왕이 즉위하여 재위하는 경우가 상정되어 있다는 점이다.

마찬가지로 '장자한정안의 경', '직궁가영세황족안의 경우'
가 계도로 그려져 있다. 물론 실명이 들어간 계도를 그대로 제
시하는 것은 주저할 수밖에 없다. 확실히 궁내청에 의한 시뮬레
이션에 따르면 지금까지 취해 온 영세 황족제가 폐지될 가능성
도 고려해야만 한다. 당연히 현 황실에도 크게 영향을 줄 수 있
는 핵심을 파고드는 내용이다.

황족의 범위를 규정하는 황실전범 제5조의 개정은 보류됐
다. 사실상 매장된 플랜이기 때문에 자세한 설명은 생략하지만
3개의 안은 모두 실현 가능성이 낮다고 생각할 수 있다. 구 황
실전범 이래의 영세 황족제를 전제로 한 황적 이탈 제도의 탄
력적 운용이 보다 적절할 것이다.

그렇다고는 하나 궁내청이 황실 제도와 황위 계승에 대해서
여기까지 냉정하게 그리고 무미건조하게 볼 수 있다는 점은 지
극히 건전한 일이다. 궁내청이 그만큼 행정의 책임을 무겁게 자
각하고 있었기 때문이라고 할 수 있다.

유식자 회의에서 마지막까지 남았던 것은 황위순위의 문제
이다. 결론은 첫째가 우선이지만 '직계 형제자매간의 남자' 안
도 유력하다.

그 이유는 현재 남아있는 궁중 제사의 다수가 1908년에 제
정된 <황실제사령>을 답습하고 있기 때문에 그 부담이 크기 때
문이다. 이 법령은 전후에 폐지되는데, 헤이세이 천황도 구 법

령이 정한 다수의 제사를 상당히 열심히 수행했다. 이러한 궁중 제사는 여성에게 정신적·육체적으로 과도한 부담이 된다. 더군다나 여전히 피의 불결함이라는 측면에서도 기피되고 있다. 여성 황족의 생리현상에 관해서는 아직도 제사에 빠지는 것이 관례이다.

이미 언급한 것처럼 다수의 국민은 궁중 제사의 존재를 모른다. 궁중 삼전에 올라갈 수 있는 것은 천황·황후와 황태자·황태자비뿐이다. 구태의연한 궁중 삼전에 에어컨 등이 있을리 만무하며, 특히 겨울의 추위는 고령인 천황과 황후에게 큰 부담으로 작용한다. 궁내청은 '공무'에는 관여할 수 있지만 천황가의 사적 행위인 궁중 제사에는 참견할 수 없다. 그렇다고 해서 방치할 수는 없기 때문에, '궁중 실무'를 맡는 시종들이 황족들의 뜻에 입각하여 수정하는 것 이외의 방법은 없다.

이전에 도쿄대학 미쿠리야 다카시(御厨貴) 교수와 메이지학원대학 하라 다케시(原武史) 교수가 '語られていない「宮中祭祀」という鍵(언급되지 않은 궁중 제사라는 열쇠)'라는 주제로 대담한 적이 있다(『中央公論』2005,4월호). 궁내청 담당기자로 천황 제도에 조예가 깊은 하라 교수는 궁내 제사를 실제로 알기 쉽게 해설한다. 그는 궁중 제사에 관한 해박한 지식을 바탕으로 궁중 제사의 실태를 자세하게 묘사했다.

다소 신경 쓰이는 것은 "여성 황족은 신상제(新嘗祭)를 집행할

수 없다"라는 하라 교수의 지적이다. 그 이유는 아무래도 피의 불결함이 배경인 듯하다. 그러나 유식자 회의에서는 지토 천황 이래의 여제가 모두 대상제(大嘗祭)는 물론 신상제도 집행했다는 것이 확인된다. 이 점에 관해 사료를 찾아보면 사무국의 답변은 정확하다. 헤이안조 의식서의 연구자로 궁중 제사에 밝은 도코로 이사오 교수도 이미 하라 교수의 주장에는 의문을 드러냈다. 고대 이래 사이오(斎王, 이세신궁에 봉사하는 미혼 여성황족)도 제주(祭主), 그리고 궁중삼전에서 봉사하는 내장전(内掌典, 궁중 제사를 거행하는 여성)도 모두 여성이다(所功, 『皇位継承のあり方』).

또 미쿠리야 타카시 교수와의 대담에서 하라 교수는 "'공무'에 궁중 제사가 포함되는지 아닌지 매우 신경 쓰인다"라고 발언했다. 궁중 제사는 황실의 사적 행위이고 '공무'에는 포함되지 않는다. 장전(掌典) 등 제사를 보좌하는 직원의 인건비를 포함하여 궁중 제사에 관한 비용은 천황가의 사비인 내정비(内廷費)에서 지급되고 있다.

하라 교수는 궁중 제사를 논하면서 다이쇼 천황의 황후였던 데이메이(貞明) 황후의 존재를 중시한다. 확실히 데이메이 황후는 궁중 제사를 중요하게 여겨 히로히토 황태자에 의한 후궁 개혁을 반대한다. 데이메이 황후의 경신(敬神)관념은 숭고했기 때문에 분명 황태자의 입장에 비판적이었던 것은 틀림없다. 제사를 중시하는 데이메이 황후의 이러한 자세는 고준(香淳, 쇼와 천

황의 황후) 황후, 미치코 황후에게도 계승되고 있다는 하라교수의 지적에 전적으로 동감한다.

궁중 제사를 중시한 나머지 남자를 우선하면 제왕교육의 개시시기를 놓칠 수도 있다. 이제부터는 궁중 제사의 경감이 검토되어야 한다. 천황과 황후의 고령화를 생각해서도 검토가 필요하다. 이러한 의견에는 곧바로 전통 경시라고 비판이 가해질 수 있지만 이리에 스케마사(入江相政) 시종장과 다케다 다쓰오(武田龍夫) 식부관 등 '궁중실무'를 하는 사람들의 걱정을 이해한다면 방치는 답이 아니다. 중요한 제사만을 천황이 집행하고 그 외에는 쇼텐초가 대배(代拜)하는 방향으로 검토하는 것은 어떨까?

결국 여성 천황 탄생을 위한 환경 정비가 장기적 시점에서 검토되어야 한다. 아키시노노미야에게서 히사히토 친왕이 탄생한 것은 황통의 연명을 보증하는 것으로서 상당히 경사스럽다. 하지만 이것이 황통 단절의 위험을 극복한 것을 의미하지는 않는다. 히사히토 친왕이 성장하는 동안 많은 궁가의 내친왕과 여왕들이 혼인을 위해 황적을 이탈할 가능성이 높다. 이대로는 궁가의 존속에 적신호가 켜진다.

궁가의 축소가 진행되면 황위 계승 자격자가 충족되지 않는다. 이러한 걱정을 일소시키려면 궁가의 수를 유지해야 할 필요가 있다. 장래까지 미치는 안정적 황위 계승의 확보를 염두에 두고 구 궁가의 황적 복귀나 여성 궁가의 창설을 도모하지 않으면 안 된다. 여론의 동향에 충분히 주시하고 황실의 전통에 입각하면서 정치가에 의한 책임감 있는 결단이 강력히 요구된다.

보고서의 내용과 그 의의

2005년 11월에 제출된 보고서는 '기본적인 시점'으로 상징천황제의 의의를 확인하고 있다. 즉, "상징천황의 의의는 천황의 존재 그 자체나 헌법에 정해진 국사행위에 의해 명확하게 밝혀져 있다. 또한 전몰자의 위령, 재해 피해지 위문, 복지시설 방문, 국제친선을 위한 활동, 전통적이고 문화적인 활동 등을 통해 천황과 국민 간의 유대는 보다 강고해졌다. 상징천황제는 이러한 제도의 의의나 다양한 활동이 맞물려서 많은 국민의 지지를 얻으며 오늘날에 이르렀다"라고 기술되어 있다.

헌법에 규정된 천황의 국사행위 중에는 일반적으로 '국가원수'의 권능으로 여겨지는 요소가 포함된다. 천황의 공무 중에는 국민과의 유대를 강화하는 측면이 엿보인다. 그리고 상징천황제가 국민의 지지에 의해 존립한다는 사실이 중시된다.

이러한 인식 하에 제시된 황위 계승 제도의 형식에서 주목할 만한 것은 '전통을 고려한 것'이라는 시점이다. 황실의 전통이란 무엇인가? 전통의 내용은 다양한데다 예부터 전해온 역사적 전통도 있고 상징천황제 하에서의 전통도 있다.

또한 보고서에서 적절하게 지적한 것처럼 "전통이란 꼭 변하지 않으라는 법은 없으며, 각 시대에서 선택된 것이 전통으로 남는다. 또한 그러한 선택들이 겹치고 쌓이면서 새로운 전통이 태어난다"라는 인식이 중요하다. 전통은 항상 혁신된다.

고이즈미 수상의 자문이 '안정적인 황위 계승'이었다는 점은 반복적으로 서술해 왔는데, 이 때문에 황위 계승 자격자의 확보, 상징행위 보전, 황위 계승에서의 재량과 자의성 배제 등이 요구되었다.

보고서에서 주목해야 할 부분은 "남계 계승 자체가 불안정한 현 상황을 생각하면 남계 계승을 관철하려는 것이 가장 기본적인 전통으로서의 세습 그 자체를 위태롭게 하는 결과를 초래한다"라는 우려가 표명되었다는 점이다. 즉 "황위 계승 자격을 여자나 여계 황족으로 확대하는 것은 사회의 변화에 대응하는 동시에 천황제의 가장 기본적인 전통인 '세습'을 장래에도 안정적으로 유지한다는 의의를 가진다"라는 견해는 지극히 타당하다는 말이다. 이는 헌법 제2조를 고려한 실로 명쾌한 설명이다.

여성 천황이나 여계 천황의 정통성에 의문을 표하는 사람도 있지만 상징천황제 하에서 황통에 의한 황위 계승이 국민들의 폭넓은 지지를 받는다면 정통성이 흔들릴 일은 없다.

앞서 보았듯이 보고서에는 필자가 지적한 여계 천황을 용인할 경우, 황서에 대해 여계 천황의 배우자를 황족으로 삼고 그 역할이나 활동에 대한 배려 등 환경 정비를 해야 한다고 서술되어있다. 처음 경험하는 일이라 어렵겠지만 섭정 등은 현행 제도를 배우자에게도 동등하게 적용하는 것이 바람직하다. 황실의 경제적인 관점에서 재검토할 필요도 있으며, 내친왕이나 여왕도 황위 계승 자격자가 된다면 황족비도 남성 황족과 동등하게 해야 한다.

황위 계승 순위는 구 황실전범이 제정되기 전에는 성문화된 적이 없다. 성문법 성립 이전의 황위 계승에 대해 궁내청은 "역사 전체의 흐름에서는 직계 계승을 지향했으며, 직계 계승이 전통의 축이 되어왔다"라는 견해를 표명했다. 황위 계승의 역사를 연구해 온 사람이 보아도 상당히 정확한 인식이며, 국민 대다수가 직계 계승을 당연시한다는 점도 영향을 미쳤다고 보아야 한다. 어쨌거나 보고서에서는 여계 계승을 전제로 황실전범의 체계성이나 정합성을 추구한다.

황위 계승 순위 선정에 대해서는 장자우선방식, 형제자매 간에 남자우선방식, 남자우선방식, 남계남자우선방식의 4가지 안이 제시된다. 제1안과 제2안은 직계 자손이 우선되는 데 비해, 제3안과 제4안은 방계도 인정하는 안이다. 후자처럼 방계를 인정하면 천황 계통이 빈번히 바뀌어 제도가 복잡해질 수 있다는 점이 우려된다. 이러한 이유 때문에 유식자 회의에서는 전자의 직계 계승을 지지했다. 그리고 제왕 교육 등을 고려해 장자우선 안이 선택됐다. 궁중 제사 재검토를 조건으로 한다면 타당한 결론이라 할 수 있다.

2006년 4월, 필자는 자민당 정무조사회의 요청에 응하여 자민당 내각부회에서 의견을 진술했다. 이때 황위 계승 순위에 대해서 '장자(제1자) 우선'이 바람직하나 궁중 제사를 의식하여 남자우선 방침도 완전히 배제할 수 없다고 말했다.

남자우선 방침에 반대하는 의견도 있겠지만 공무와 궁중 제사가 고령의 천황에게 얼마나 부담이 되는지도 고려해야 할 것이다. 공무의 재검토나 궁중 제사 경감이 실현된다면 장자우선 쪽이 더욱 적절하다고 여겨진다. 공무는 그렇다 쳐도, 궁중 제사 경감은 전통 경시로 여겨져 아마 실현되기까지는 상당한 시간이 걸릴 것임에 틀림없다. 궁중 제사는 황실의 사적 행위이므로 정치나 행정이 개입할 수 없다는 점도 큰 걸림돌이다.

한때 회견에서 "공무 방식을 재검토하고 싶다"라고 표명한 황태자의 발언에서 황실개혁에 대한 의지를 읽어낸 필자는 새삼스레 '열린 황실론'을 언급했다. 그러자 "그러면 황실의 신비성이 상실된다"라는 반론이 나왔다. 왜 황실에는 신비성이 있는 것인지 현 시점에서 한번 생각해 볼 필요가 있다.

민주적에서 안정적으로

애초부터 상징천황제를 지탱해왔던 것은 주권자인 국민의 지지였으며, 국민이 보내는 황실에 대한 존중과 경모의 마음이 황실의 '신비성'을 만들어내어 현재까지 이어진 것이다. 다수의 국민이 바랐던 공무를 선택하고 궁중 제사를 재점검하는 것으로 균형 잡힌 황실의 활동을 추구해야만 한다. 천황은 '일본국민통합의 상징'(헌법 제1조)으로 국민이 진실로 친밀감을 가지고 접할 수 있는 존재가 되는 것이 필요하다.

황실전범의 개정을 목표로 했던 것은 고이즈미 내각이다. 당시 고이즈미 수상이 회견에서 "천황과 황후가 지는 부담의 무게"라고 언급했던 것이 주목된다. 제사에 대해서는 수상이 참석했던 일도 적지 않고, 공무상 수상이 천황과 동석하는 기회도 많았다. 관찰력이 풍부한 고이즈미 수상의 발언은 중요하게 볼 만한 가치가 있다. 그만큼 황실에 이해가 있다고 할 수 있을지도 모른다.

다만 고이즈미 내각도 황실전범의 개정을 목표로 하면서도 2006년 2월에 아키시노노미야(후미히토)의 비 기코가 제3자를 회임하자 아베 신조 내각관방장관의 강력한 조언에 따라 이 법안(황실전범)의 상정을 보류했다. 아베 수상이 남계론자인 것은 널리 알려져 있는데, 유식자 회의의 보고서를 무효로 하고 황실전범의 개정에 박차를 가하지는 않는다.

또한 이후에, 가령 다른 내각이 남계론자들이 주장하는 것처럼 황실전범을 개정한다고 해도 머지않아 또 여계 계승으로 향하는 개정을 피하는 것은 불가능하다. 구 황족의 황적 복귀와 양자의 해금(금지령을 해제함)은 한계가 있다. 황실의 장래를 통찰하여 장기적 시점으로 세운 법 개정을 추구해야만 한다.

이미 지적했던 바와 같이 구 황족만으로는 충분한 공급원이 될 수 없다. 이것은 이미 남계론자도 인정하는 부분이다. 2005년에 유식자 회의가 제출한 보고서는 장래에 재차 각광을 받게 될 것이다. 왜냐하면 이 보고서의 원안은 황위 계승 제도에 가장 정통한 궁내청의 귀중한 연구 성과이기 때문이다.

반복하지만 '만세일계'는 메이지 시대에 강화되었던 '신화'이다. 메이지 국가는 현인신인 천황을 정점으로 받든 중앙집권 국가였다. 이러한 국가의 기획(Planning)은 이토 히로부미와 이노우에 고와시에 의해 활발하게 추진됐다.

물론 메이지 정부는 오오쿠보 도시미치 등이 지도권을 장악한 시대였기 때문에 이미 천황의 행차(行幸)를 실시하고 신민교육에도 힘을 쏟고 있었다(졸저, 『日本行政史序説』). 메이지 정부 수뇌는 천황을 '옥'이라 부르는 제한적 천황관에 입각한 위정자에 의해 구성됐다. 오쿠보를 암살했던 시마다 이치로(島田一郎) 등의 참간장(斬奸狀)에 '유사전제(有司專制:소수관리전제)'라는 정부에 대한 비판이 보이는데, 신정부가 삿쵸번벌(薩長藩閥)에 의한 과두정치(소수자 지배)였던 것은 틀림없다. 그래서 '천황 친정'을 실현하고자 했던 지호(侍補:천황보좌직) 등에 의해 천황 친정 운동이 전개되었던 것이다(졸저, 『明治国家と官僚制』).

메이지 헌법 제11조에 의해 육해군은 통수권을 잡은 천황에게 직속되어 있었다. 그 보필자가 누구였는가는 알려져 있지 않다. 정부가 군의 작전행동에 개입하는 것은 명백하게 위헌이었다. 이러한 메이지 헌법의 제체 하에서 '만세일계' 신화와 '황국사관'이 천황의 권위를 현저하게 높였다. 그럼에도 불구하고 천황은 무답책(無答責:법률책임을 지지 않음)이었다. 신성하기 때문에 침범해서는 안 될 천황은 현인신으로서 군림했던 것이다.

이러한 메이지 국가를 규정하는 이데올로기는 고대 일본의 율령국가처럼 천황제의 권위로 정치권력을 정통화하고자 했다. 유신정권이 '진무창업(神武創業)'을 구가했던 것은 당연한 일이다.

고대 일본의 율령국가 모델은 말할 것도 없이 당 제국이다. 지토조에 기요미하라령이 시행되자 후히토 등 오미 조정에 있었던 이른바 덴지계의 관인과 도래인이 정권 중추부에 들어와 구사카베 직계의 황위 계승이 추진됐다. 요컨대 나라 시대의 황위 계승을 덴무계로 보는 것은 경솔한 생각이다. 왜냐하면 구사카베 직계 이외에 덴무계의 황자와 진신의 난(672년)의 공신은 정권에서 배제되었기 때문이다. 기껏해야 명예직의 하나인 '지

다죠칸지(知太政官事:태정관 총괄)'에 취임하는 것이 한계였다.

근대 일본의 경우에는 유럽과 미국을 모델로 삼았다. 서양화를 강력하게 추진했기 때문에 천황의 권위로 보강된 메이지 정부의 정통화는 불가결한 것이었다. 여러 외국도 '미카도(御門:천황)의 정부' 수립을 염원했다. 선진제국은 모두 책무국인 일본의 정권확립을 기대한 것이다(앞의 졸저, 『天皇親政』).

이와 같은 역사적 배경을 바탕으로 현 시점에서 다시 한 번 '인공국가'의 색채가 농후한 메이지 국가를 재검토하고, 전후의 '인간선언'을 받아들인 상징천황의 본질을 물어야한다. '만세일계'라는 신화를 불식하고, 민주국가에 상응하는 상징천황제의 본질을 염두에 두며 황위 계승 제도의 안정화를 추구할 필요가 있다. 유식자 회의의 보고서는 이러한 시점에서 새로운 황위 계승법을 제언한다. 헌법의 이념과 전통의 중시 등 여러 가지 관점에서 적절한 황실전범 개정의 방도가 나오고 있다.

그러나 이 보고서에 문제점과 해결해야 할 과제가 없는 것은 아니다. 이미 이와이 가쓰미(岩井克己)가 지적한 것처럼, 남계 계승을 포기해야 하는 논리로 '소자화(少子化)'를 들고 나온 것은 반드시 적절하다고 할 수는 없다. 출생율의 저하에 따라 남자 황족의 탄생이 어렵다고 하는 확률론도 반드시 타당하다고 말하기는 어렵다. 또한 남계론자도 등한시하고 있는 구 황족의 여계(메이지 천황 등의 내친왕이 구 황족에게 시집을 간 사실)는 망각되고 있거나

고의로 누락시키고 있다(岩井克己, 『天皇家の宿題』).

이미 서술했던 것처럼 남계일까 여계일까로 문제를 축소하는 것이 아니라 보고서의 내용을 계속해서 음미할 필요가 있다. 현재 궁가의 내친왕과 여왕도 그리 멀지 않은 장래에 혼인으로 인해 황적에서 이탈할 것이다. 계속해서 문제의 검토가 요구되는 이유이다. 황실전범이 궁내청에서 내각관방에 이관되었던 것은 황위 계승이 매우 긴요한 정치적 과제이며 적절한 정치판단으로 준비되었기 때문이다.

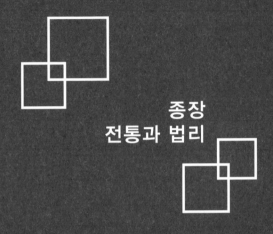

종장
전통과 법리

황통보에도 나타나는 여계 천황

필자는 2001년 11월에 『歷代天皇総覧』을 출판하여 다행이도 많은 독자를 얻을 수 있었다. 이 책의 집필을 통해 다시금 황위 계승의 구조가 확실하게 확인된다. 초대 진무 천황부터 124대 쇼와 천황까지의 역대 천황 한명 한명의 사적을 조사하는 작업은 단조로울 것 같지만 의외로 스릴이 있었고 즐거웠다. 적어도 천황제 연구를 하고 있는 나에게는 귀중한 경험이었다.

본서의 마지막 장에서 황위 계승의 역사를 다시 한 번 확인하고 마지막에 법적인 측면에서 구체적인 검토를 하고자 한다. 황위 계승이 법으로 정해지게 된 것은 1889년에 흠정법으로 만들어진 구 황실전범에서부터이다. 그 이전까지는 고대의 '불개상전(不改常典)'(구사카베 친왕의 아들인 몬무 천황에서 쇼무 천황으로 황위를 계승하자고 한 지토 천황이나 외척이었던 후지와라 씨의 의중에 따라 덴지 천왕이 가탁한 법)과 같은 불확실한 '황위 계승 규칙'등 이른바 관습법만 있었다. 세대, 연령, 혈연, 출신에 비추어 혹은 천황의 유언, 상황, 외척 등 실력자의 의중을 바탕으로 황위는 지속적으로 계승되어 왔다(앞의 졸저 『天皇と官僚』).

졸저에도 궁내청에서 관리하는 황통부에 따라 역대 천황을 소개한다. 이 책에서 확인할 수 있는 사실은 직계 계승은 약 반수에 지나지 않고 세대 내 계승(형제간 계승)이 의외로 많다는 것이다. 이는 연령이 가까운 성년 황족이 즉위함으로써 황위의 안정성을 고려하기 위한 것이었다. 적어도 고대에서는 세대 내 계승이 주류를 이루었다. 자연스러운 흐름이라고는 해도 어느 정도의 합리성은 인정할 수 있다.

현재와는 매우 다르게 서자도 황위 계승 자격을 가지고 있었으며 서자(비적출자) 계승도 드물지 않았다. 이 외에도 앞에서 서술한 게이타이 천황과 같이 방계 계승도 있었다. 제26대 게이타이의 옹립에 대해서는 왕조의 교체, 사실상의 황통 단절이라고 이해해도 좋을 것이다. 즉 만세일계가 아닌 것이 된다.

일본 고대사에서 모범으로 여겨지는 것은 긴메이 천황조이다. 긴메이조에는 백제의 협력을 얻어 소가씨가 숭상한 불교를 적극적으로 도입하고, 소가 이나메(蘇我稲目)가 대륙의 선진문화를 적극적으로 수용했다. 이 조정은 임나(任那)의 탈환에도 힘을 쏟았으며, 국내에서는 중앙집권화를 대담하게 추진한다(앞의 졸저, 『歴代天皇総覧』).

후에 쇼토쿠태자가 주도하는 스이코조도 긴메이조를 모범으로 삼았다. 그렇지만 긴메이의 즉위년은 확실하지 않고 안칸 천황(安閑天皇, 제27대), 센카 천황(宣化天皇, 제28대) 양 조의 2조 병립설이

유력하다. 안칸, 센카의 어머니가 오와리 호족의 딸, 메노코히메(目子媛, 게이타이천황비)였던 것에 비해 긴메이의 어머니는 다시라카히메(手白香皇女, 게이타이천황비)이다.

다시라카히메는 인켄 천황(仁賢天皇, 제24대)의 황녀로 부레쓰 천황(武烈天皇, 제25대)의 여동생이다. 신왕조의 게이타이는 다시라카히메를 취하는 것으로 야마토 조정의 혈통을 이어 그 정통성을 확보하고자 했다.

그렇다면 모계가 천황가의 혈통을 받는 긴메이 천황(欽明天皇, 제29대)은 모계 천황이 된다. 이는 황통보상에도 여계 천황이 존재했음을 의미한다. 만세일계도 허구에 지나지 않고 126대의 황통이 예외 없이 남계에 의해 계승되었다는 주장은 성립되지 않는다. 예로 든 게이타이조 외에도 상대에는 왕조 교체가 적지 않았다는 학설도 널리 알려지고 있다.

왕조 교체를 인정하는 고대사 연구자의 대부분이 중국의 경우와 달리 왕조 교체를 역성혁명과 연관시켜 생각하지 않는 것은 상당히 흥미롭다. 중국 황제는 이전 왕조를 실력으로 쓰러트린 패자였지만, 그에 비해 일본의 천황은 신격화된 정치적·종교적 권위이면서 성(姓)을 가지지 않는다. 상대에 왕조 교체가 있었다고는 해도 이전 왕조와의 연관성(혈통의 유지)이 중시되어 역성혁명은 일어나지 않는다고 하는 의식을 공유하고 있었기 때문이 아닐까?

만세일계는 『古事記』와 『日本書紀』 등이 만들어낸 신화에 지나지 않는다. 왕조 교체라고 해도 일본의 경우에는 신 왕조가 구 왕조를 완전히 말살하지 않고 '여계 쪽으로' 연결해왔기 때문일 것이다(井上光貞, 『日本国家の起源』). 많은 고대사 연구자는 쌍계제(双系制)를 인정한다. 고고학계에서도 고대의 황위 계승을 쌍계제로 이해한다. 고대사 연구자들 사이에서는 당연하지만 일반적으로 알려진 사실이라고는 할 수 없다. 그 간극을 좁히기 위해 나카노 미사시(中野正志)는 실로 적절하고 알기 쉬운 해설로 이를 설명한다(『万世一系のまぼろし』).

근대 이전에는 황위 계승을 규정한 법률이 없어 매우 자유로웠다. 해당 시기의 의료, 위생 수준에서 보면 황자의 성장이 어렵고 요절이 빈번하게 일어났다. 그래서 황위 계승의 위험한 줄타기와 노력이 요구되었던 것이다. 서자 계승은 물론 양자도 인정된 상황이었다.

잘 돌이켜보면 연면히 계승되어 온 황위도 절반이 서자 계승이다. 헤이세이 천황과 계보상 이어진 고카쿠 천황(光格天皇, 제119대)은 황통 유지의 관점에서 급거 에도 시대에 창설된 간인노미야(閑院宮) 궁가에서 1779년에 고모모조노 천황(後桃園天皇)의 양자가 되어 즉위했다(앞의 졸저, 『歴代天皇総覧』).

황족 집안의 규모가 축소되면 황위 계승 자격자의 범위가 어려워진다는 인식이 이미 존재했던 것이다. 간인노미야의 창설을 헌책하여 황통 유지에 중대한 영향을 준 아라이 하쿠세키(新井白石)의 공적은 실로 크다. 현대의 황실에도 그러한 위기가 내장되어 있다는 것을 충분히 고려해야만 한다. 현행의 황실전범 상태로는 황족 집안이 축소되어 조만간 긴급사태를 초래할 수 있다는 우려를 배제할 수 없다.

구 황실전범 이전에는 황위 계승에 대한 규제 없이 대체로 황위 계승에 다양한 선택사항이 존재했다. 양자가 금지되는 것은 1889년에 제정된 구 황실전범 이후이다. 현행의 황실전범도 이 점을 답습하여 제9조에 양자의 금지가 추가되었다. 본래 황통의 존속을 목표로 하는 황위 계승 제도는 메이지 이후 제대로 확립되지 못했고, GHQ의 점령개혁에 의해 사실상 핵심이 누락됐다.

메이지 정부는 황위 계승의 역사를 전혀 참고하지 않은 채로 일본이 천황제 국가인 것을 선명하게 내세웠다. 천황은 독립하여 통수권을 장악하는 대원수가 됐다. 이토를 필두로 하는 정부는 '만세일계'를 강조하여 헌법에 포함시켰다. 그리고 메이지 헌법 체제에 걸맞은 황위 계승의 방식을 모색하여 남계의 남자를 중심으로 하는 황위 계승법을 선택했다. 메이지 정부는 메이지 천황의 황위 계승자였던 다수의 황자나 내친왕이 이미 요절하여 사실상 요시히토 친왕(嘉仁親王, 후에 다이쇼 천황)밖에 남아있지 않은 현실을 과연 어떻게 이해하고 있었을까? 정부 수뇌는 확실하게 황통 유지를 위한 준비가 되어 있지 않았다.

원로원에서 국헌안이 심의되었을 때에는 여전히 여제 용인론이 공공연히 논의되었고, 재야에서도 여제의 가부가 당당하게 논의됐다. 메이지 18년(1885) 말부터 다음해인 19년(1886) 초기에 기초가 잡힌 <황실제규>에는 여계 계승이 용인되고 적계(嫡系) 황족이 우선시되고 있다(앞의 졸저, 『女帝誕生』).

그러나 이노우에 고와시가 고민 끝에 제출한 의견은 이러한 흐름을 크게 변화시켰다. 이노우에는 유럽의 여제와 다르게 일본의 여제는 섭정하는 위치에 지나지 않고 여제의 배우자(황서)의 정치 개입의 위험성을 지적하며 정면으로 반대했다. 정부는 이노우에의 의견을 존중하여 <제실전칙(帝室典則)>(1886) 이후 여계는 물론이고 여제도 인정하지 않았다.

이토가 이노우에의 의견을 중시하면서 신화라고 알고 있으면서도 헌법에 "남계 남자에 의한 만세일계"를 포함시킨 것은 제한적인 천황제의 입장에 서서 천황을 정치에 이용하려는 구상을 하고 있었기 때문이다. 의회개설 이후, 이토는 민당을 좌지우지하는 의회 대책으로 옥좌를 교묘히 이용했다(졸저, 『明治天皇』). 이러한 황위 계승의 성문법화는 천황의 긴 역사에서도 최근의 일이기 때문에 장기적인 시야에서 보면 적절한 조치인지 아닌지를 검토를 해야 할 여지가 있다.

다이쇼 천황 때부터 측실제도의 폐지가 지향됐다. 쇼와 천황은 측실제도를 인륜에 어긋난다고 비판하며 기피했다. 쇼와 천황은 황실 개혁에 매우 적극적이었다고 한다. 하지만 실제로 측실을 두지 않으면 당장 황위 계승 자격자가 부재하게 된다는 심각한 사태에 직면하게 된다.

쇼와 천황은 고준 황후(香淳皇后)와의 사이에서 5명의 자식을 두었지만 넷째까지는 전부 여자였다. 쇼와 천황도 조바심을 느껴 마키노 노부아키(牧野伸顕)를 통해 원로인 사이온지 긴모치(西園寺公望)에게 구 황실전범에서 금하는 양자의 가능성을 타진했다(앞의 졸저, 『女帝誕生』). 다행히 쇼와 천황은 그 후 얼마 안 있어 아키히토 친황(明仁親王, 후에 헤이세이 천황)을 얻었다.

실패와 탈주

전후에 공식적으로 측실제도는 폐지된다. 이에 따라 서자의 황위 계승권도 소멸됐다. 그럼에도 불구하고 여전히 황실전범에는 '남계의 남자'라는 규정이 살아남았다. 여기에 GHQ는 쇼와 천황의 직궁을 제외한 11궁가 51명의 황적 이탈을 지령으로 내렸던 것이다. 이렇게되면 황통의 존속이 심히 어렵다. 이 때 일본은 '맥아더가 설치한 시한폭탄'을 끌어안게 된 것이다. 원수는 장래에 황통이 단절되어 천황제가 폐지될 것이라는 것을 인지하고 있었다.

　측실제도의 폐지에 따라 서계 계승의 길이 막히고 많은 황족들이 황적을 이탈할 수밖에 없게 되자, 황위 계승 자격자의 확보는 가망이 없어졌다. '남계의 남자'로 한정한 황실전범 하에서는 조만간 황위 계승자가 부족해질 것이 당연하다. 측실을 두지 않게 되면서 황위 계승이 어려워진 것은 이미 쇼와 천황 때에 경험하지 않았던가. 이에 더하여 11궁가가 황적을 이탈하면서 황위 계승 자격자를 구성하고 있는 황실 가문이 대폭 축소되어 황통 단절로 귀결될 위험이 있다.

　그럼에도 불구하고 국회에서 헌법대신으로 알려진 가나모리 도쿠지로(金森德次郎) 국무상이 "남계의 남자가 만세일계 일본의 전통이다"라고 답변한 것은 정말 물정을 모르는 소리에 지나지 않는다. 여전히 뿌리 깊은 '국체'의 관념으로 비유되는 시대의 산물이다. 앞서 말한 대로 '남계의 남자'와 '만세일계'는 완전히 별개의 것이다. 신헌법 하에서 '만세일계'를 들먹이는 자체가 이미 시대착오적이다.

　그 후에도 정부는 탈주를 계속한다. 샌프란시스코 강화조약 체결 후 정부는 곧바로 11궁가의 황적 복귀를 추진해야 했다. 그 빈틈이 겨우 5년밖에 되지 않았기 때문에 국민에게 받아들여질 가능성도 높았다. 더구나 3년이지만 제59대 우다 천황(宇田天皇)의 선례가 있었다. 우다 천황이 신적에서 빠지게 된 것은 시종직에 있었을 때로 미나모토씨(源氏)의 성을 받았다. 그 후, 조정 실력자인 후지와라노 모토쓰네(藤原基経)의 뜻에 따라 황적에 복귀하여 태자가 됐다(앞의 졸저, 『歴代天皇総覧』).

정부는 황위 계승 제도가 외면 받은 엄혹한 현실을 진지하게 수용하지 않고 황실전범을 방치해왔다. 일본 전체가 천황제 존속(국체호지)으로 만족해 버렸기 때문일 것이다. 전후에 궁내성, 궁내부, 궁내청은 황위 계승을 둘러싸고 황통 존속을 위해 얼마만큼 검토해 온 것일까. 미치코 황태자비에게서 2명의 남자아이가 태어나자 안심하고 문제를 뒤로 미뤄둔 것은 아닐까.

이 문제는 황실의 적절한 규모와 밀접하게 관련될 뿐만 아니라, 황실 경제의 측면에서도 논의할 필요가 있다. 확실히 GHQ의 개입에 의해 황실 재산이 해체되고 국고에 편입되면서 <황실경제법>에 입각하여 관계 예산이 축소됐다. 궁내성이 궁내부를 거쳐 궁내청으로 바뀌면서 조직은 축소의 길을 걸었고 총리부와 내각부의 외국으로 설정됐다. 헌법상에서 황실의 위치가 대폭 저하된 데 따른 당연한 조치였다. 미국은 황실 경제에 다대한 관심을 보이며 황실의 무력화에 부심했다.

남자 황족에게는 일률적으로 황실비로 연 3,050만 엔이 지급되고 있다. 일본국 헌법 제88조에는 "모든 황실 재산은 국가에 속한다. 모든 황실 비용은 예산에 계상하여 국회의 의결을 거쳐야한다"라고 명시되어 있다.

황실에는 사유 재산이 없고 황실비는 국가 예산에서 출자되기 때문에 국회의 의결이 요구된다. 궁가가 너무 많이 늘어나도 국가의 재정을 압박하지만, 그렇다고 해서 궁가를 줄이면 황위 계승 자격자 후보가 희박해진다. 현 시점에서 되돌아 생각해 보면 구 궁가의 부활이든 여성 황가의 창설이든 둘 중에 하나는 검토되어야 한다.

생존 중인 황족에게는 실례지만 사실상 연령적으로 볼 때 현 황실에는 2명(아키시노미야, 히사히토 친왕)의 황위 계승자만이 존재한다. 이미 지적한 대로, 헤이세이 천황의 손자 대에는 히사히토 친왕을 제외하면 내친왕과 여왕만 가득하다. 황실전범의 규정에 따르면 여성 황족들은 15세에 이르면 황실이탈 의사를 표할 수 있게 되어 있다. 황실전범을 방치하면 궁가의 축소와 소멸은 시간문제이다.

구 황족의 복귀를 선택해도 아마 수대의 연명 효과 밖에 기대할 수 없을 것이다. 거기서 다시 여성·여계 천황 용인을 위한 황실전범의 개정이 필요하다. 그렇다면 장래를 고려하여 고이즈미 정권 때에 제출된 유식자 회의의 최종보고서를 법안화하는 것이 현명한 선택사항일 것이다. 황실전범 개정 논의는 엄숙하게 그리고 조용하게 진행되어야 한다. 법 개정이 재차삼차 분규를 불러일으키면 황실의 이미지 실추로 연결될 수 있다.

고이즈미 내각 하에서 수상 관저에 설치된 황실전범 개정

준비실은 축소되었지만 지금도 정치의 결단을 계속 기다리고 있다. 황위 계승에 관한 황실전범의 개정은 매우 급박한 일이다. 고이즈미 내각에 의한 황실전범 개정의 움직임은 시의에 맞추어 이루어진 것이며 아키시노노미야의 남아 탄생도 이 시기에 적절했던 것이 아닌가. 2006년 2월에 아키시노노미야 기코 왕비의 회임 보도로 인해 고이즈미 수상이 황실전범 개정 법안을 통상 국회에 제출하는 것을 단념한 것은 과연 적절한 것이었을까. 이미 황실전범은 궁내청의 소관을 떠나 내각관방으로 옮겨지고 있다(宮内庁広報係).

확실히 보도 관계자 사이에서도 황실전범 개정 법안은 전회 일치로 국회를 통과하는 것이 바람직하다는 인식이 있었다. 그러나 개정을 내걸었던 고이즈미 수상에 대해 내각에서도 반론의 소리가 높아졌다. 초당파의 '일본회의 국회의원 간담회(日本会議国会議員懇談会)'에 의한 '여계 천황' 반대 서명에는 국회의원 3분의 1이 넘는 사람들이 참여했다.

필자도 강사로 초대된 강연회나 의견을 진술했던 자민당 내각부회에서 유식자 회의의 보고서(모계천황용인론)에 대한 반대의 목소리가 의외로 강했던 점에 놀랐다. 기코 왕비 회임 보도 직후에 『每日新聞(마이니치신문)』이 시행한 여론조사에서 여성 천황에게는 78%, 여계 천황에 대해서도 65%가 용인한다는 결과가 나왔던 만큼 남계 유지 의견이 뿌리 깊은 것은 의외였다.

남계론자는 126대의 황통은 남계계승이었다고 하여 '남계계승의 전통'을 내세운다. 이미 살펴본 것처럼 예외 없이 남계계승이었다는 것은 분명히 잘못된 인식이다. 남계주의를 '만세일계'라고 하는 신화와 안일하게 묶는 것은 실로 위험하다. 오해를 무릅쓰고 말하면 '만세일계'라고 하는 신화는 메이지 정부에 의한 복고 정책의 일환으로 만들어진 이데올로기이다. 지금 필요한 것은 '만세일계'의 신화성을 확인하고, 이를 메이지 국가의 유물로 재해석하는 것이다.

황실 전통과 궁중 제사의 재검토

황실 전통의 중핵을 이루고 있는 것은 천황이 천황가에 전해져 오는 신들이나 조상들의 숭배를 위해 집전하는 궁중 제사이다. 천황을 위시한 황족들에 의해 행해지고 있는 제사는 촬영은 물론이거니와 매스컴의 취재도 허락되지 않는다. 궁중 제사의 전문가나 쇼텐쇼쿠(掌典職, 궁중 제사담당)에 있었던 사람, 황실기자 등이 쓴 저서 등을 통해서 이해할 수밖에 없다. 대다수의 국민은 궁중 제사의 실태를 알지 못한다. 물론 이는 앞서 말한 바와 같이 전후 궁중 제사가 천황가의 사비로 꾸려지는 사적 행위로 간주된 것도 큰 영향을 주고 있다.

전전에는 국가신도체제(国家神道体制) 아래에서 궁중 제사가 국가 제사로 행해졌으나, 패전된 해 말에는 이미 GHQ가 '종교의 자유'와 '정교분리' 지령을 내렸기 때문에 궁중 제사는 천황가의 사적 행위가 됐다.

천황의 제사는 천황 자신이 집전하는 대제(大祭)와 쇼텐초(掌典長)가 제사를 행하고 천황이 배례하는 소제(小祭)로 나눠진다. 대제에서는 우선 쇼텐초가 축문을 바쳐 올린다. 그 뒤에 천황은 나이진(内陣:본존을 안치한 장소)에 들어가 신에게 올리는 글을 읽는다. 천황은 다마구시(玉串:종이등이 달린 나뭇가지)를 들고 배례하고, 뒤를 이어 황후, 황태자, 황태자비가 배례한다. 소제에서 천황은 배례만 할 뿐이며 원칙적으로는 황태자만이 동석하는 것이 관례이다. 이 외에도 천황 혼자 행하는 순제(10일마다 행하는 제사)가 있어 월 3회 궁중삼전을 참배한다.

대제로는 원시제(元始祭:매년 1월 3일에 황위시작을 축복), 선제제(先帝祭:매년 1월 7일 선대 일왕의 사망일제사), 춘계황령제(皇霊祭: 천황과 친족의 영에 제사, 춘분과 추분), 진무천황제(神武天皇祭:4월 3일), 추계황령제, 신상제(神嘗祭:10월 17일, 풍년감사제), 신상제(新嘗祭:11월 23일, 수확제)가 있으며 여기에 더해 선제 이전의 3대 천황을 제사하는 식년제(式年祭)도 있다.

소제로는 세단제(歳旦祭:1월 1일), 기년제(祈年祭:2월 17일, 풍년기원제), 현소어신락(賢所御神楽:12월 중순), 천장제(天長祭:재위중인 천황생일), 고메이천황예제(孝明天皇例祭:1월 30일), 메이지 천황 예제(明治天皇例祭:7월 30일), 다이쇼 천황 예제(大正天皇例祭:12월 25일) 등이 있다. 1년 내내 제사가 계속되기 때문에 황족들은 상당한 에너지를 소모한다.

이렇게 연간 20종류 이상에 달하는 제사는 천황 거처의 동남쪽에 있는 궁중삼전에서 행해진다. 궁중삼전이란 천황가의 조상신인 아마테라스 오미카미에게 제사지내는 현소, 역대 천황과 황족의 영을 제사지내는 황령전, 뭇 신들을 제사지내는 신전으로 이루어져 있다. 이곳은 가장 신성한 장소로 간주되어 태자 책봉, 성년식, 결혼 의식 등도 거행된다.

궁중 제사는 앞서 본 바와 같이 1908년에 제정된 <황실제사령>에 따랐는데, 제사는 천황이 황족과 관리를 인솔하여 집전하도록 규정되어 있었다. 패전 후 GHQ가 '정교분리'의 원칙을 명확하게 내세우자 천황이 관료를 인솔하는 국가적 성격은 크게 바뀌게 된다. <황실제사령>은 폐지되었지만 대제인 기원절제(紀元節祭:2월 11일, 진무 천황 즉위일)와 소제인 명치절제(明治節祭:11월 3일 메이지 천황 생일)가 사라졌을 뿐이며 궁중 제사는 전후에도 이어져 내려오고 있다(『平成の天皇と皇室』).

오늘날에도 여전히 황실에서 궁중 제사의 비중은 크기 때문에 해외순방을 포함하여 천황과 황후의 공무는 원칙적으로 궁중 제사에 지장을 주지 않도록 배려되고 있다. 헤이세이 천황과 미치코 황후도 '황실의 본분은 기원'이라는 생각에 따라 매우 적극적으로 제사에 임했다.

입원과 수술을 제외하고는 헤이세이 천황이 궁중 제사를 쉬었던 적이 드물다. 전 쇼텐(掌典)이었던 갓칸대학(皇學館大学) 가마다 준이치(鎌田純一) 명예교수는 헤이세이 천황의 즉위례와 대상제에도 관여했는데 제사에 임하는 천황의 자세를 높이 평가했다. 천황은 제사의 의의를 충분히 이해하고 예행을 거듭한 후 제사에 임했다. 당초 헤이세이 천황은 부친인 쇼와 천황을 의식하여 쇼텐에게 예행할 때의 거동을 쇼와 천황과 비교할 것을 명하고 늘 근엄하게 제사에 임했다(『皇室のすべて』).

쇼와 천황도 궁중 제사에 적극적이었기 때문에 헤이세이 천황도 부친을 모범으로 삼았다. 다행히 민간에서 시집온 미치코 황후도 궁중 제사를 황실의 가장 중요한 전통으로 받아들여, '황실의 본분은 기원'이라고 자주 말하게 됐다. 이와 같이 천황과 황후는 어느덧 공통된 인식을 가지게 되었고 궁중 제사를 통하여 국민의 평화와 안녕, 오곡의 풍작을 매일 기원한다.

황실 제사는 천황이나 황후의 무덤에서도 거행되지만 많은 경우가 궁중삼전에서 이루어진다. 이 신성한 장소에 오르기 위해서는 능기전(綾綺殿)에서 계재(몸을 깨끗하게 하는 것)를 해야 한다. 계재 후 천황은 장속(裝束:헤이안 시대의 정장)으로 갈아입고 배례에 임한다. 가시코도코로(賢所)에서는 잘 알려진 '방울의 의례(お鈴の儀)'가 거행되어 아마테라스 오미카미의 말이라 여겨지는 방울

소리가 울려 퍼진다. 그 동안 천황은 평복해야만 한다. 따라서 육체적 부담이 상당하다.

당초 필자는 궁중 제사를 그대로 존속한다면 황위 계승은 형제자매간의 남자 우선안도 유력한 선택지라고 생각하고 있었다. 교토산업대학의 도코로 이사오(所功) 교수도 같은 견해를 표명하고 있다(所功, 『皇位継承のあり方』등). 그러나 이미 전전의 <황실제사령>이 폐지되었다는 점을 고려하면 궁중 제사를 재검토해야 할 시기가 온 것은 아닐까. 이러한 견해를 전통이라는 이름으로 무시해버리는 것은 매우 쉽다. 황실전범이 종신제를 유지하는 이상 고령의 천황, 황후의 부담에 대한 배려가 요구된다.

궁중 제사가 감소된다면 황위 계승은 장자 우선으로 밀고 나가도 문제가 되지 않을 것이다. 여성 천황이라고 해도 궁중 제사를 수행하는 것에 하등의 지장이 없다. 그러나 이 문제는 황실의 본질에도 크게 관계되는 만큼 신중한 대응이 요구된다. 현재 궁중 제사는 사적 행위로 되어 있는 만큼 천황과 황후의 뜻을 고려하여 이른바 '내부'의 시종직들이 검토해야한다. 당연히 참여회의에서의 의견집약 등이 상정됐다.

궁중 제사는 황실의 가장 중요한 전통이기 때문에 천황가의 사용인인 쇼텐쇼쿠에 의해 지켜지고 있다. 그 직원으로는 쇼텐쇼쿠, 쇼텐지초(掌典次長)를 포함한 7명의 쇼텐, 4명의 나이쇼텐(內掌典, 전원 여성), 출사(出仕)가 배치되어 있다. 책임자인 쇼텐초의 자리는 대대로 황족, 화족 관계자로 충당되어왔으나 최근 몇 년 동안에는 관료들 가운데에서도 등용하고 있다.

궁중 제사의 경감에 대해서도 이전부터 시종을 위시한 이들이 검토해 왔다. 그 최선봉에 선 사람이 바로 쇼와 천황의 시종장을 역임했던 이리에 스케마사이다. 쇼와 천황이 고희에 가까워지자 천황의 체력을 걱정한 이리에는 신상제를 대신 배례하도록 진언했다(『入江相政日記』). 천황은 이를 잘 수락하지 않았지만 메이지 천황의 전례를 고려할 때 연령에 따라 점차 대신 배례하도록 하는 것은 적절한 배려라고 할 수 있다(앞의 졸저, 『明治天皇』). 또한 궁중 제사 전문가의 의견도 참고하면서 어떤 제사를 폐지할지도 검토해야 한다. 궁내청도 궁중 제사에 대해서는 사적 행위이기 때문에 참견하기 어려울 것이다.

제사 자체를 경감하고 대신 배례하는 경우를 늘리도록 배려할 필요가 있다. 필자는 황태자 시절 '공무의 재검토'를 시사했던 헤이세이 천황이 궁중 제사에도 개혁의 칼날을 대 주었으면 한다. 궁중 제사는 사적 행위이므로 본래 천황가가 정해야 할 문제이다. 쇼와 천황도 헤이세이 천황도 황실 개혁에 적극적이었다. 현 천황도 적극적으로 황실 개혁에 손을 댈 것이라 기대 중이다. 전통이란 무조건 지켜야만 하는 게 아니라, 그 본질이 존중받을 수 있도록 혁신되어야만 한다. 유식자 회의 의사록에도 이러한 의견이 곳곳에서 나온다(首都官邸HP).

학계나 언론계에는 황실이 고대부터 남계 계승 전통을 지켜왔다고 주장하는 사람들이 있다. 물론 그러한 견해는 존중해야만 한다. 그러나 상대에는 여계 계승도 인정되고 잘 알려진 대로 다이호, 요로 율령의 계사령에는 여계 천황을 용인하는 조문이 들어 있다. 남계 계승을 황실의 전통으로 삼는 것은 속단으로 여겨진다. 하지만 필자는 무조건 여계 계승을 지지할 생각은 조금도 없다.

이러한 남계론 중에는 천황의 가계가 배우자의 친정으로 옮겨져 역성혁명이 일어난다고 하여 여계 계승을 위험시하는 경향이 있다. 천황가에는 성이 없다. 데릴사위의 경우 호적을 말소하고 황통보에 등록한다. 즉 일본에서는 혈연이 중시된다는 것만으로도 역성혁명이 일어날 여지가 없는 셈이다.

앞서 서술한 대로 궁중 제사는 메이지 시대 이후 크게 늘었다. 메이지 천황은 신상제(神嘗祭), 신상제(新嘗祭)를 포함하여 13개의 제사를 거행했다(村上重良, 『天皇の祭祀』). 물론 이 중에는 『古事記』와 『日本書紀』의 신화에서 유래하는 제사도 포함된다. 존왕사상이 퍼진 에도 막부 말에는 진무 천황을 시작으로 차차 역대 천황의 능이 정비되거나 지정되었다. 이러한 기운은 천황 친정이라는 메이지 정부의 기본 방침과 맞물려 메이지 국가의 이데올로기인 '만세일계'에 응축된다.

그러나 오늘날에는 이미 '만세일계'의 기반이 상실되었고,

그 이데올로기성이나 신화성이 직시되고 있다.

법률학자의 이해를 뛰어넘은 법률-황실전범

요코다 고이치(橫田耕一)·에바시 다카시(江橋崇)가 저술한 『象徵天皇制の構造(상징천황제의 구조)』를 읽어보면 정부나 국민이 '상징천황제 하에서의 황위 계승 방식'을 얼마나 생각하지 않는지 알 수 있다. 확실히 현 황실전범이 구 황실전범을 거의 답습하고 있고 겨우 3개월에 불과한 기간 동안에 빠른 심의로 성립된 것도 사실이다. 그러나 그렇다고 해서 헌법 제1조(천황조항), 제2조(세습원칙)와 그 하위법인 황실전범이 괴리되는 것은 아니다.

황실전범이 헌법 제1조를 대전제로 하고, 헌법 제2조의 세습 원칙을 구체화한 것은 틀림없으나 황실전범이 정하는 황위 계승 제도가 황실 제도 전체에서 차지하는 의의를 과대평가하는 것은 적절하지 않다(園部逸夫, 『皇室法概論』).

문제는 헌법 제2조가 제14조의 예외규정 아래에서 구체화할 수 없는 것도 있으므로 황위 계승 제도를 규정하는 황실전범에 의해 '세습'의 내용을 규정하는 데 있다. 유식자 회의의 멤버이자 최고재판소 판사를 역임했던 행정법의 대가인 소노베 이쓰오(園部逸夫)는 황실전범에서 규정하는 황위 계승 제도는 세습제의 내용을 말하는 것으로 "정통 황위 계승이라는 것은 어떠한 형태의 계승인가를 정하는 것"이라고 설명한다(園部, 앞의 책).

정부(수상관저 황실전범 개정준비실)는 소노베의 학설과 거의 다름없는 법리를 전개한다. 즉 정부는 어디까지나 헌법 제1조에 기반을 둔 이른바 유식자 회의를 조직하여 헌법 제2조를 준수하는 것을 전제로 황실전범의 개정작업을 진행한다(有識者会議, 「最終報告書」 2005년 11월). 유식자 회의에서는 전 내각관방부장관인 후루카와 데이지로(古川貞二郎)와 소노베 씨가 보고서를 정리할 때 견인차의 역할을 했다는 것을 쉽게 추측할 수 있다.

이 보고서의 헌법과 황실전범에 대한 이해는 지극히 올바르다. 헌법을 정확히 받아들이고, 헌법이 규정하는 범위에서 황실전범의 개정이 검토되고 있다. 헌법 제2조는 '세습'이라는 것뿐이고 황위 계승법의 구체화는 황실전범에 맡기고 있다. 황실전범 제1조는 '황통에 속한다'라고 되어있어 혈통을 존중한다.

고지마 가즈시(小嶋和司)처럼 헌법 제2조는 오래전부터 황위 계승의 전통에 입각하고 있다는 해석도 있다. 그 때문에 헌법 제2조에서 말하는 '세습'에 여계를 포함하지 않는다는 이해도 나타난다(『憲法と政治機構』). 참으로 경청할만한 견해이다. 황위의 세습제를 규정하는 조문에서 역사나 전통을 답습할만한 것인지를 검토하는 것은 실로 유익하다. 그러나 고고학상의 성과에 입각한 상고사에 비추어 율령이나 『古事記』와 『日本書紀』의 신화성 등을 감안하면 남계 남자에 의한 계승을 당장 전통으로 보는 것에는 무조건 찬성할 수 없다. 고지마 씨가 주장하는 황위 계승의 전통을 존중하는 것이라면 더욱더 그러하다.

현 황실전범이 기본적으로 답습하는 구 황실전범에 대해서는 "황위 계승에 관한 원칙은 물론 황실전범이 이것을 처음으로 정한 것은 아니다"(宮沢俊義 「皇室法」)라는 견해를 확인할 수 있다. 역사적으로 보면 황실전범은 정통인 황위 계승의 원칙을 다시 확인한 것에 지나지 않는다는 견해일 것이다.

여기에서 재확인해야 할 사실은 천황은 역사적 존재이며 더나아가 '국가국민통합의 상징'이라는 것이다. 그리고 무엇보다도 현행 헌법은 천황 본연의 존재방식을 규정하고 있는 것일지도 모른다. 헌법 학자를 중심으로 법률학자의 견해를 정리해보면, 애초에 '상징천황제'는 강요당한 헌법의 일부였기 때문에 법률학자가 '상징'의 구체적인 내용을 명확하게 규정하는 것에는 우왕좌왕할 수밖에 없었다. 천황의 상징행위가 선행되고 헌법상으로 상징이 그 내실을 획득했던 셈이다.

유식자 회의의 멤버이면서 교토대학교 명예교수인 사토 고지(佐藤幸治)는 "'황통'은 역사적으로 '남계'였다"(『憲法』)라고 서술하고 있다. 이 말은 당연히 내용적으로 사료적 근거가 필요하며 증거를 제시해야 할 책임이 요구된다. 하지만 사토 교수의 연령 등을 감안하면 '남계의 남자'나 '만세일계'를 수용하는 것은 어쩔 수 없는 것일지도 모른다. 또 정부안을 정당화하기 위해서 설치된 심의회나 자문회의에 매번 참석하는 부류임을 감안한다면 이들이 나서서 유식자 회의라는 자리에서 정부안에 강하게 반발했다고는 생각할 수 없다.

다시 원점으로 돌아가면, 현 황실전범의 입안과정에서 어느 정도 여성·여계 천황에 대한 검토가 더해졌을까? 임시 법제 조사회에서는 같은 안건에 대해 반드시 국민의 정서와 동떨어져 있고, 황서를 배출한 황배족이 존재하지 않는다는 등 소극론이 강하여 관념론의 영역에서 벗어나지 못했다.

이처럼 입법과정에서도 다양한 단계에서 황위 계승의 방식을 둘러싼 논의가 활발히 진행되고 있다. 다만 측실제도의 폐지, 11궁가의 황적 이탈이라는 엄격한 조건에서도 이른바 남계의 남자를 방치했던 것은 지나치게 경솔하다. 정부도 국민도 '국체호지'의 실현에 도취되어 맥아더가 설치한 황통 단절이라는 시한폭탄을 눈치 채지 못했던 것이다.

따라서 황실전범의 개정은 급선무이다. 상징천황제 하의 황위 계승에서는 전통과 법리의 균형이 고려되어야 한다. 결국 법리는 법리에 지나지 않는다. 황실의 본질적 전통을 확인하고 그 위에서 법리를 논해야만 한다. 지금 요구되는 것은 '주권자'인 국민의 자각과 정부의 책임 있는 결단이다.

나의 박사논문 테마는 '太政官制'이다. 특히 메이지시대 전반, 1885년에 내각제도가 발족할 때까지 잠정적인 정치기구였던 메이지태정관제를 분석의 대상으로 삼았다. 이 정치기구는 일본 고대의 율령국가에서도 가장 오래된 의사결정기관이다. 이에 7세기 중엽에서 8세기에 걸친 고대 태정관제의 형성과 발전의 경과를 육국사나 율령 및 고대일본정치사연구의 성과까지 흡수하여 정치학적 시점에서 재구성했다. 이러한 연구의 성과는 『日本行政史序説』(芦書房)나 『日本の官僚制』, 『天皇と官僚』(모두 PHP研究所) 등의 저서와 『法学研究』 잡지상에 연구논문을 통해 일본정치학회나 법제사학회 등에 보고된 바 있다.

먼저 율령국가형성기의 일본이 당시 동아시아의 패권 국가였던 당의 율령을 충실히 받아들였음에도 불구하고 중앙최고의 사결정기관으로는 일본 독자적인 태정관제를 편제한 점에 주목해 볼 필요가 있다. 당의 중앙정치기구는 황제를 정점으로 3성(중서성, 문하성, 상서성)과 복수의 재상이 배치된 상태였다. 이에 비해 고대 일본의 율령국가는 천황이 중심이지만 정치·행정의 중추는 태정관이 담당했다.

중국의 중추기관이 다원적이었던 것에 비해 일본의 중추기관은 일원적이다. 이러한 중추기관의 차이는 중국황제와 천황의 정치적 성격의 차이를 반영한다. 중국황제가 전 왕조를 실력으로 타도한 현실의 패자라고 한다면, 일본의 천황은 어디까지나 신의 자손이자 정치적이고 종교적인 권위를 보전하는 것에 지나지 않는다.

고대 중국의 중앙정치조직에서는 복수의 재상이 경합하는 방식이었기 때문에 황제의 권력은 절대적이다. 이에 비해 고대 일본은 천황이 정치권력을 행사하는 일이 매우 드물었으며, 귀족관료가 정치적으로 장악하고 지배하는 태정관에 권위를 부여하는 수준에 그쳤다.

이러한 천황과 태정관의 관계는 메이지태정관제에도 존재한다. 그 연구 성과는 『明治国家と官僚制』(芦書房)나 『天皇親政』(中央公論社) 등의 발표에서 확인할 수 있다. 특히 후자의 저작은 지금까지 해명되지 않은 메이지10년대의 궁중세력(보수파)의 동향을 밝히고 번벌정부와 민권운동이 대치하는 사관을 수정했다.

일찍이 이시이 료스케(石井良助)가 지적한 것처럼 '천황친정'은 제목에 지나지 않으며, 천황이 스스로 정치권력을 행사한 일은 매우 드물다. 이 점은 일본의 고대와 근대도 예외는 아니다. 이 부분으로 인해 고대 일본의 통치체제가 천황전제였는지, 아니면 귀족공화제였는지를 두고 논쟁이 이어졌다.

고대관료제 연구의 일인자인 나고야대학 하야가와 쇼하치(早川庄八) 교수는 "태정관제 연구를 진행하다보면 천황제연구에 도달한다"는 견해를 표명했다. 이에 동의하는 필자 또한 그의 연구편력을 밟고 있다.

고대 일본의 위정자는 대당제국을 모델로 한 천황 중심의 중앙집권국가를 구축했다. 이는 당제국이 중화사상에 근거하여 일본에 군사행동을 감행하는 것을 저지하는 방책이다. 당은 강력한 군사력을 배경으로 중화사상을 절대화하고 다른 문화를 인정하지 않았다. 고대 중국은 덕화(德化)라는 이름으로 계속 주변제국을 군사적으로 침공하기에 이른다.

7세기의 일본은 자국의 방위와 독립을 유지하기 위해서 당제국을 모범국으로 삼고 강경하게 중국화를 추진했다. 그러나 천황의 존재를 무시할 수 없었기 때문에 정권중추부에 일본의 독자적인 태정관제를 채용했다.

이처럼 메이지 국가는 고대 율령국가를 모델로 한다. 고대의 경우에는 중국이, 메이지 유신때는 구미열강이 '외압'이 되어 천황제 국가의 형성을 촉진했다. 고대국가가 형성 될 당시에는 기술관료였던 도래인이 큰 역할을 했다. 이에 반해 근대 초엽에는 고용된 외국인의 역량을 충분히 발휘하도록 했다.

제한적군주관을 갖고 있던 오오쿠보 도시미치(大久保利通)나 이토 히로부미(伊藤博文) 등의 위정자에 의해 메이지국가는 완성되었다. 하지만 쇼와기에 들어 정치부패가 횡행하면서 군국주의가 대두되기 시작했다. 본래 다원적인 정치시스템이었던 메이지헌법체제의 모순이 분출되고, 미일개전을 거치면서 사실상 메이지국가는 붕괴되었다.

패전 후 바로 일본은 GHQ에 의한 점령통치 하에 들어간다. 이때 최고사령관 맥아더가 지휘하는 점령개혁에 따른다. 패전 직후, 일본정부가 강하게 집착한 것은 '국체호지(国体護持:천황제의 존속)다. 일본정부는 쇼와천황을 지키고 황실제도의 존속에 전력을 한다. 이 때문에 황위계승제도를 중심으로 한 황실전범의 개정에 대해서는 무관심했던 것이다.

본문에 서술한 것처럼, 측실제도의 공식폐지나 11궁가 51명의 황적이탈 등의 황위계승을 둘러싼 어려운 상황에도 황실전범에는 '남계의 남자'를 남겨둔다. 이러한 사실로 미루어보았을 때, 정부의 낙관적인 전망은 비판받을 만하다.

천황제에 대한 '단기적 존속, 장기적 폐절'이라는 미국무성 등의 의향은 '맥아더가 장치한 시한폭탄'으로 전후의 일본에 주도면밀하게 설치되었다. 이러한 구조적 모순을 내포한 황실전범은 반세기 이상이나 방치되었다. 황위계승의 역사를 축으로 하는 황실전범의 구조적인 모순은 『女帝誕生』(新潮社)에 상세하게 서술되어 있다.

여기에 대해 가장 먼저 인식하고 대응에 착수한 곳은 궁내청이다. 측문에 의하면 1990년대부터 극비리에 황실전범의 개정을 검토하고 있었던 듯하다. 결과적으로 궁내청과 관저는 여계천황의 용인과 여성황족의 황위계승자격 취득 및 여성궁가의 창설방향으로 개정안의 시안을 준비해놓은 셈이다.

2005년 전후, 정부가 황실전범 개정의 의향을 보이며 유식자회의를 발족함으로써 황실전범 개정을 주제로 한 논의가 열기를 띠었다. 국민의 관심이 높아진 만큼, 남계인가 여계인가에 대한 부분에도 그 이목이 집중되어 이데올로기가 개입하고 만다. 이때, 남계고수론자는 도당을 만들고 여계계승론을 공격하기 시작했다.

그리고 '오른쪽 아니면 왼쪽'이라는 방식으로 논단이 진행되면서 결국에는 여계계승은 천황제해체에 귀결된다는 주장까지 나온다. 과대망상에 가까운 언사지만, 그 프로세스에 설명을 덧붙이는 일은 없었다. 전후에 일본의 좌익진영도 이러한 유치한 논의를 전개하면서 오로지 '전통중시'를 외치는 보수진영의 한계를 드러냈다. 천황제논의는 일본국헌법 제1조를 기초로 이데올로기를 초월하는 입장에서 논의해야 함이 마땅하다.

현행의 황실제도는 헌법이 규정하는 상징천황제를 기반으로 하고 있으며, 헤이세이 천황의 모든 행위를 중핵으로 하여 국민의 이해와 지지를 얻어 확립되었다. 이 국가적 재산인 상징천황제를 유지하기 위해서는 안정적인 황위계승법이 정비되어야 한다. 이를 위해서는 궁내청안을 원안으로 작성된 유식자회의의 최종보고서를 토대로 전문가 의견 수렴 및 논의를 축적하는 노력을 해야 한다. 현재 황실전범은 궁내청에서 벗어나 내각관방 소관사항으로 분류되어 있다. 따라서 수상관저내에 검토회를 설치하고 끈질기게 논의를 거듭하는 것이 바람직하다.

본서는 집필개시부터 탈고까지 상당히 많은 시간이 소요됐다. 그 사이에 황실전범의 개정을 둘러싼 사태는 격변했다. 이 급격한 상황변화를 함께 넘어선 치쿠마쇼보(筑摩書房) 이토 다이고로(伊藤大五郎) 씨에게 진심으로 감사를 전한다.

사실 격변은 나 자신에게도 일어났다. 2006년 2월 필자는 오른쪽 다리에 통증을 느껴 정형외과에서 진찰을 받았다. 하지만 명확한 진단이 나오지 않아 도내의 유명한 신경내과에 가서 겨우 근육긴장이상(dystonia)이라는 증상을 알게 됐다. 그리고 몇 개월만에 병이 급진전되어 파킨슨증후군이라는 확진을 받았다. 양쪽 다리가 뻣뻣해지는 느낌이 강하여 처방받은 약도 크게 효과가 없었다. 솔직히 난치병을 받아들이는 일은 매우 힘들었다. 그러나 세상에는 이보다 더 증상이 심한 사람도 많다는 것을 생각하며 낙관적으로 나아가자고 각오했다.

본서는 어디까지나 신서로서, 독자의 눈높이로 쉽게 읽을 수 있도록 썼다. 때문에 이미 학계에 공유되고 있는 부분의 자세한 설명은 생략했다. 모든 연구자에게 많은 배움을 얻은 것에 감사하며 관용을 베풀어주시기 바란다.

여전히 귀중한 두 은사님인 호리에 후카시(堀江湛, 정치학), 리코 미츠오(利光三津夫, 법제사)선생님께 진심으로 감사의 마음을 표한다. 그리고 필자가 병상에 있는 것을 고려하여 참고가 될 의료관계 신문기사를 연구실에 가지고 와준 친절한 동료 다마이 키요시(玉井清, 게이오기쥬쿠 법학부교수)에게도 깊은 감사를 전한다. 참고문헌 리스트의 작성에는 카도마쓰 히데키(門松秀樹)의 도움을 받았다. 여기에 기록하며, 다시 한 번 감사를 표하고자 한다.

이 졸저가 황위계승에 관한 고찰에 조금이나마 참고가 된다면 매우 기쁠 것이다.

가사하라 히데히코(笠原英彦)

2019년 4월 30일은 일본 천황인 아키히토(明仁)가 퇴위한 날이다. 아키히토 천황의 퇴위는 그의 연호인 '헤이세이(平成)' 시대가 끝나고 새로운 '레이와(令和)' 시대의 시작을 뜻한다. 아키히토 천황은 아시아 태평양전쟁의 주범인 히로히토(裕仁) 천황의 뒤를 이어 1989년 1월 7일에 즉위한 후 30년 3개월 동안 재위했다. 일본 천황의 생전 퇴위는 메이지 유신 이후, 최초이며 역사적으로는 202년 만에 이루어져 국제사회에서도 크게 주목했다.

일본은 1868년에 메이지유신을 통해 근대 천황제를 정비했다. 고대 야마토 정권을 거쳐 천황제가 국가가 성립된 후, 1185년에 가마쿠라 무사정권에 정권을 빼앗기면서 천황은 700여 년 동안 실질적인 통치를 하지 못했다. 그 무사정권이 메이지유신으로 인해 무너지면서 강력한 군주제를 만들었던 것이다. 그 일환으로 1898년에는 대일본제국헌법과 황실전범을 제정하여 근대 천황제의 기초를 다졌으며, 황실 재산의 확충과 천황주의 교육을 통해 천황제 국가를 정착시켰다. 그리고 일본 국내에서 천황제의 기반이 마련되자, 청일·러일 전쟁 등 외부 전쟁을 통해 천황 중심의 제국주의를 확장시키고자 하였다.

메이지 시대부터 1945년까지 대일본제국헌법 제1장 제1조는 "대일본제국은 만세일계(萬世一系)의 천황이 통치한다"고 명기되어 있다. 이것은 천황주권을 명확히 밝힌 것일 뿐만 아니라 황통은 신이 정한 가계로 계승된다는 신화적 성격을 표시한 것이다. 그리고 제3조에는 "천황은 신성불가침하다"고 규정하여, 천황은 신성하여 법률상의 책임을 지지 않고 모든 공격과 비판과 논의의 대상에서 초월한 존재임을 표명했다. 뿐만 아니라 제1장 제2조에는 황위는 황실전범에 따라 남자상속을 원칙으로 한다고 규정하고, 황위 계승은 황실의 가법(家法)이므로 신민이 간섭할 수 없다고 명시했다. 또한 천황대권(天皇大權)은 의회의 소집과 해산, 비상사태하에서 긴급칙령 반포, '공공의 안녕과 질서를 유지하고 신민의 행복을 증진하기 위한' 칙령 발포, 관제 제정과 문무관 임명, 육·해군 통수, 육·해군 편성과 상비병 규모의 결정, 선전과 강화 및 조약체결, 계엄령 선포, 영전 수여, 대사면 등이 포함되어 있다. 반면에 천황대권을 견제하기 위한 수단으로 천황은 일반 국정 및 외교에 대해서는 내각관료의 '보필'을 받으며, 대원수로서 군의 통수에 대해서는 군령기관의 '보필'을 받도록 하였다.

그러나 이러한 원칙은 아시아 태평양 전쟁을 기점으로 사라졌다. 아시아 태평양전쟁의 한복판에서 전쟁에 대한 의견 차이나 불협화음을 조정한 장본인은 당시 천황이었던 히로히토였다. 히로히토는 대일본제국헌법 아래에서 태어나 섭정에 오르고, 1926년에 쇼와 천황에 즉위했다. 그는 천황에 즉위한 후 본격화되는 중일전쟁과 태평양전쟁에서 군통수권을 가진 군주로서 전쟁을 이끌며, 본인의 의지에 따라 불협화음을 조정하는 위치에 있었기 때문에 전쟁 책임에서 벗어날 수 없는 것이다.

패전의 색채가 농후해지자 일본정부 수뇌는 전후 천황제를 존속하기 위해 골머리를 앓았다. '국체 호지(國體護持)', 즉 일본의 입장에서 천황제 유지는 양보할 수 없는 마지노선이었다. 때문에 포츠담선언의 수락이 늦어졌고, 원폭 투하라는 비참한 결과를 초래했다. 그럼에도 불구하고 패전 후 일본에서 히로히토 천황에게 전쟁 책임을 묻는 일은 일어나지 않았다. 당시 점령군이었던 미국은 일본을 평화적이고 민주적인 국가로 개조하기 위해, 천황제를 유지하는 원칙을 세웠던 것이다. 전쟁이 끝난 1945년 초가을에 요미우리신문사가 시행한 여론조사에서 95%가 천황제를 지지한다고 답한 것을 보면, 미점령군의 이러한 방침이 전혀 근거가 없는 것은 아닐지도 모른다.

1946년 1월에 히로히토 천황은 신일본 건설에 대한 조서를 통해 이른바 인간 선언을 발표했다. 천황은 신화에 의한 왜곡된 신적 권위를 버리고 민주주의 사회와 국가의 일원으로 국민과 함께 존재한다고 선언했다. 그리고 1947년에 5월 3일에 시행된 신헌법 제1장 제1조에 "천황은 일본국의 상징이며 일본국민 통합의 상징으로 그 지위는 주권이 있는 일본국민의 총의에 기반한다"고 명시한다. 상징천황제는 이 조항에서 등장하는 '상징'이라는 단어를 사용한 것이다. 이처럼 메이지 헌법하에서 일본의 주권자였던 천황의 운명은 신헌법에서 정치적 권한이 없는 '상징'적 존재로 자리매김함으로써 가까스로 살아남았다.

본서는 이러한 과정에서 살아남은 천황제에 주목하기보다는 고대 일본의 위정자가 대당제국을 모델로 하여 천황을 중심으로 하는 중앙집권국가를 구축했다는 사실에서 논의를 시작한다. 그리고 이렇게 정착한 천황제 국가는 7세기에 자국의 방위와 독립을 유지하기 위해 당제국을 모범국으로 하여 강경하게 중국화를 추진했고, 이러한 고대 율령국가를 모델로 한 것이 메이지 국가라는 것이다. 저자는 고대의 경우에는 중국이, 그리고 메이지 유신 때는 구미열강이 '외압'이 되어 모두 천황제 국가의 형성을 촉진했다고 말하고 있다. 그리고 오오쿠보 도시미치(大久保利通)나 이토 히로부미(伊藤博文) 등 제한적 군주관을 가지고 있던 위정자에 의해 메이지국가는 완성되었지만, 쇼와기에 들어가자 정치부패가 횡행하면서 군국주의가 갑자기 대두하여, 본래 다원적인 정치시스템이었던 메이지헌법체제의 모순이 분출되고, 미일개전을 거쳐 메이지국가는 사실상 붕괴되었다고 설명하고 있다.

그러나 이러한 논리에는 일본의 제국주의에 대한 인식뿐만 아니라, 전쟁을 통한 동북아시아 국가들과의 관계, 전쟁 책임 등에 대한 어떠한 논의도 찾아볼 수 없다. 그 이유는 본서가 추구하는 것이 천황가의 유지를 위한 제언이기 때문이다. 저자의 말에 따르면, 패전 후 일본은 GHQ에 의한 점령통치 하에 들어갔고, 일본정부는 쇼와 천황을 지키고 황실제도의 존속에 전력을 다했기 때문에 황위계승제도를 중심으로 황실전범의 개정에 대해서는 너무 무관심했다는 것이다. 결국 맥아더는 측실제도의 공식폐지나 11궁가 51명의 황적이탈 등을 결정하여, 천황제에 대해 '단기적 존속, 장기적 폐절'이라는 '시한폭탄'을 설치했다는 것이다. 터무니없는 발상이라고 치부할 수도 있지만, 현실적으로는 천황제의 단절은 가능성이 있다. 현재 일본 천황가는 황위계승 문제에서 자유로울 수 없다. 제1계승자가 현 천황의 동생이고, 그 다음이 그의 아들 히사히토인데 이외에는 남자 계승자가 거의 전무하다고 해도 과언이 아니기 때문이다. 따라서 본서에서는 천황제 존속을 위해서는 무엇보다 여계천황도 염두에 두어야 한다는 주장을 하고 있는 것이다.

왜 일본은 현재까지도 이토록 천황제 유지에 열심인 것인가? 본서의 번역을 결정한 이유는 바로 여기에 있다. 일본인의 천황에 대한 인식을 고민하지 않으면 일본을 이해하는데 어려움이 있기 때문이다. 다시 현재로 돌아오면 작년 이맘때쯤 헤이세이 천황이 양위를 할 때 우리는 새삼 일본국민의 천황에 대한 심정을 확인했다. 일본국민은 여전히 천황을 중심에 두고 세상을 바라본다. 원호(元號) 사용이 그것을 말해준다. '헤이세이'에서 '레이와'로 바뀌면서 매스컴들은 '레이와 만세!'를 외쳤고, 국민들은 새 시대에 대한 기대와 희망으로 축제 분위기에 휩싸였다. 당시 일본인들은 "레이와라는 새로운 시대의 시작선에 서서 일본의 미래상을 정면으로 논의해야 할 때가 오고 있다"고 강조했다. 그러나 현재는 코로나 19의 창궐로 일본인들의 새 희망과 기대는 사라진지 오래다. 아베 정권에 대한 기대도 없다. 그렇다면 일본인이 재난을 극복하는 과정에서 그들의 심상에 들어있는 이데올로기를 이해하기 위해 천황제에 대해 다시한번 고민해볼 필요가 있다고 생각된다. 이러한 과정과 전후 천황제에 대한 이해의 바탕이 곧 동북아다이멘션 구축을 위한 토대 마련으로 이어질 것이기 때문이다.

본서는 중앙대학교에서 일본어서숙을 담당하면서 대학원생들과 일본어 강독을 통해 일본사회를 탐구하자는 취지로 선택한 교재였다. 당시 함께 공부한 은희녕, 이승찬, 박기태 외 학생들에게 감사를 전한다. 강독 시간에 또는 술자리에서 그럼에도 일본의 천황제를 이해할 수 없다고 했던 얘기들이 맴돌면서 현재도 변한건 없지만 동북아 공동체를 위해서는 어떻게든 알아가야한다는 의무감으로 번역서를 발간하기로 마음 먹었다. 내용상 무리가 있는 부분도 있지만, 천황제를 오랫동안 연구하신

저자이기 때문에 천황제의 역사적인 사실관계에 대해서는 매우 많은 공부가 되리라고 기대한다.

마지막으로 본서는 헤이세이 천황이 양위하기 전에 출간된 저서이기 때문에 현재가 '헤이세이 천황' 시점이었으나, 독자들의 혼동을 막기 위하여 번역할 때 현재를 '레이와 천황'의 시점으로 맞추었음을 밝힌다.

유지아(원광대 동북아다이멘션연구단 HK 교수)

主要参考文献一覧
(주요참고문헌일람)

国立国会図書館憲政資料室所蔵『牧野伸顕文書』
国立国会図書館憲政資料室所蔵『三条家文書』

『現代史資料』、みすず書房、一九六二ー七七年
『衆議院先例集』、衆議院事務局、一九七八年
『参議院先例諸表』、参議院事務局、一九七八年

青木和夫ほか校注『続日本紀』(「新日本古典文学大系」第一二巻ー第一六
　　　巻)、岩波書店、一九八九-九八年
芦田均、進藤栄一.下河辺元春編纂『芦田均日記』第一巻ー第七巻、岩波書
　　　店、一九八六年
芦部信喜・高見勝利編著「皇室経済法」(『日本立法資料全集』第七巻、信山
　　　社出版、一九九二年に収録)
芦部信喜・高見勝利「皇室典範」(『日本立法資料全集』第一巻、信山社出
　　　版、一九九〇年に収録)
荒井信一『第二次世界大戦』、東京大学出版会、一九七三年
粟屋健太郎「東京裁判への道」(『朝日ジャーナル』二六巻四二号ー二七
　　　巻一五号)
粟屋健太郎ほか編『木戸幸一 尋問調書』、大月書店、一九八七年
五百旗頭真『米国の日本占領政策』上下、中央公論社、一九八五年
　　　　　　　『占領期』(「二〇世紀の日本」三)、読売新聞社、一九九七年
五十嵐武士・北岡伸一編『〔争論〕東京裁判とは何だったのか』、築地書館、
　　　一九九七年
石井良助『天皇』、弘文堂、一九五二年

井上勲『王政復古』(中公新書)、中央公論社、一九九一年

猪木正道『評伝吉田茂』上中下、読売新聞社、一九七八－八一年

今谷明『象徴天皇の発見』(文春新書)、文藝春秋、一九九九年

入江相政、朝日新聞社編『入江相政日記』第一巻－第六巻、朝日新聞社、
　　一九九〇－九一年

入江俊郎『日本国憲法成立の経緯』、憲法調査会事務局、一九六〇年

岩井克己『天皇家の宿題』(朝日新書)、朝日新聞社、二〇〇六年

卜部亮吾、御厨貴・岩井克己監修『卜部亮吾侍従日記』第一巻－第五巻、
　　朝日新聞社、二〇〇七年

江藤淳『占領史録』第一巻－第四巻、講談社、一九八一－八二年

エドウィン.O・ライシャワー著、徳岡孝夫訳『ライシャワー自伝』、文
　　藝春秋、一九八七年

エリザベス.グレイ・ヴァイニング著、秦剛平・秦和子訳『天皇とわた
　　し』、山本書店、一九八九年

大蔵省財政史室編『昭和財政史』第一巻－第二〇巻、東洋経済新報社、一
　　九七六－八四年

大沢秀介『憲法入門』、成文堂、一九九八年

大嶽秀夫『戦後日本防衛問題資料集』第一巻－第三巻、一九九一－九三年

大橋信弥『継体天皇と即位の謎』、吉川弘文館、二〇〇七年

大原康男『詳録・皇室をめぐる国会論議』、展転社、一九九七年

岡田精司『古代王権の祭祀と神話』、塙書房、一九七〇年

外務省編『終戦史録』、新聞月鑑社、一九五二年

笠原英彦『明治国家と官僚制』(RFP叢書)、芦書房、一九九一年

　　　　　『天皇親政』(中公新書)、中央公論社、一九九五年

　　　　　『天皇と官僚』(PHP新書)、PHP研究所、一九九八年

　　　　　『日本行政史序説』、芦書房、一九九八年

　　　　　『歴代天皇総覧』(中公新書)、中央公論新社、二〇〇一年

『女帝誕生』、新潮社、二〇〇三年

『大久保利通』(「幕末維新の個性」三)、吉川弘文館、二〇〇五年

『明治天皇』(中公新書)、中央公論新社、二〇〇六年

「天皇親政運動」(寺崎修編『近代日本の政治』(「シリーズ日本の政治」第二巻)、法律文化社、二〇〇六年に収録)

「皇室典範改正はやはり必要だ」(『中央公論』二〇〇六年四月号)

片山内閣記録刊行会編『片山内閣』、片山哲記念財団片山内閣記録刊行会、一九八〇年

加藤恭子『昭和天皇と田島道治と吉田茂』、人文書館、二〇〇六年

加藤哲郎『象徴天皇制の起源』、平凡社、二〇〇五年

加藤典洋・橋爪大三郎・竹田青嗣『天皇の戦争責任』、径書房、二〇〇〇年

河原敏明『天皇裕仁の昭和史』、文藝春秋、一九八三年

岸信介『岸信介回顧録』、広済堂出版、一九八三年

木戸幸一、木戸日記研究会校訂『木戸幸一日記』上下、東京大学出版会、一九六六年

木戸日記研究会編『木戸幸一関係文書』、東京大学出版会、一九六六年

木下道雄『側近日誌』、文藝春秋、一九九〇年

宮内庁編『明治天皇紀』第一一第一〇、吉川弘文館、一九六八一七三年

倉本一宏『奈良朝の政変劇』(歴史文化ライブラリー)、吉川弘文館、一九九八年

ケネス・ルオフ著、高橋紘監修、木村剛久・福島睦男訳『国民の天皇』、共同通信社、二〇〇三年

小嶋和司『憲法と政治機構』(「小嶋和司憲法論集」第二巻)、木鐸社、一九八八年

「帝室典則について」『明治典憲体制の成立』(「小嶋和司憲法論集」第一巻、木鐸社、一九八八年に収録)

児島襄『史録日本国憲法』文芸春秋、一九七二年

後藤致人『昭和天皇と近現代日本』、吉川弘文館、二〇〇三年

近衛文麿、共同通信社「近衛日記」(編集委員会編『近衛日記』) 共同通信社
　　開発局、一九六八年

小林宏・島善高編著「明治皇室典範」(『日本立法資料全集』第一六巻、信山
　　社出版、一九九六年に収録)

西郷隆盛全集編集委員会編纂『西郷隆盛全集』第一巻-第六巻、大和書
　　房、一九七六-八〇年

坂本一登『伊藤博文と明治国家形成』、吉川弘文館、一九九一年

坂本多加雄『象徴天皇制度と日本の来歴』(都市選書)、都市出版、一九九
　　五年

坂本太郎ほか校注『日本書紀』上下 (「日本古典文学大系新装版」)、岩波書
　　店、一九九三年

参謀本部編『杉山メモ』上下 (明治百年史叢書)、原書房、一九六七年

佐藤幸治編著『憲法』一・二 (大学講義双書)、成文堂、一九八六-八八年

重光葵、伊藤隆・渡辺行雄編『続重光葵手記』、中央公論社、一九八八年

幣原喜重郎『幣原喜重郎：外交五十年』、日本図書センター、一九九八年

島善高『近代皇室制度の形成』、成文堂、一九九四年

週刊新潮編集部編『マッカーサーの日本』、新潮社、一九七〇年

ジョン・ダワー著、大窪愿二訳『吉田茂とその時代』上下、TBSブリタ
　　ニカ、一九八一年

ジョン・ダワー著、三浦陽一・高杉忠明訳『敗北を抱きしめて』上下、岩
　　波書店、二〇〇一年

進藤栄一「分割された領土」(『世界』一九七九年四月号)

鈴木正幸『近代の天皇』(岩波ブックレット)、岩波書吉、一九九二年

園部逸夫『皇室法概論』、第一法規出版、二〇〇二年

高尾亮一 (大原康男紹介)「皇室典範の制定経過」(『国学院大学日本文化
　　研究所紀要』第七三号)

タカシ・フジタニ 「新史料発見ライシャワI元米国大使の傀儡天皇制構想」(『世界』二〇〇〇年三月号)

高橋紘『天皇家の仕事』、共同通信社、一九九三年

　　　　『平成の天皇と皇室』(文春新書)、文藝春秋、二〇〇三年

高橋紘・鈴木邦彦『天皇家の密使たち』、現代史出版会、一九八一年

瀧川政次郎『東京裁判をさばく』上下、創拓社、一九七八年

ダグラス・マッカーサー著、津島一夫訳『マッカーサー回想記』、朝日新聞社、一九六四年

武田秀章「皇位と皇位継承の基礎知識」(『歴史読本』一九九五年二月号)

田中伸尚『ドキュメント昭和天皇』第五巻、緑風出版、一九八八年

田中隆吉『田中隆吉著作集』、自費出版、一九七九年

津田左右吉「建国の事情と万世一系の思想」(『世界』一九四六年三月号)

角田三郎『新天皇系譜の研究』、オリジン出版センター、一九八〇年

角田文衛「恵美押勝の乱」(『角田文衛著作集』第三巻、法蔵館、一九八五年に収録)

寺崎英成・マリコ・テラサキ・ミラー編著 『昭和天皇独白録：寺崎英成・御用掛日記』、文藝春秋、一九九一年

遠山美都男『壬申の乱』(中公新書)、中央公論社、一九九六年

所功『皇位継承のあり方』(PHP新書)、PHP研究所、二〇〇六年

中西輝政『日本人としてこれだけは知っておきたいこと』(PHP新書)、PHP研究所、二〇〇六年

中野正志『女性天皇論』(朝日選書)、朝日新聞社、二〇〇四年

　　　　『万世一系のまぼろし』(朝日新書)、朝日新聞社、二〇〇七年

中村明『象徴天皇制は誰がつくったか』、中央経済社、二〇〇三年

中村政則『象徴天皇制への道』、岩波書店、一九八九年

　　　　『戦後史と象徴天皇』、岩波書店、一九九二年

　　　　「昭和史研究と東京裁判」 (前掲『〔争論〕東京裁判とは何だった

のか』に所収)

野田嶺志「天智.天武以降の皇位継承問題」(『歴史読本』一九九三年九月号)

長谷川正安「象徴の法的意味内容について」(『公法研究』一〇号)

ハーバート・ビックス著、吉田裕監修、岡部牧夫・川島高峰訳『昭和天皇』上下、講談社、二〇〇二年

林茂・辻清明編集『日本内閣史録』、第一法規出版、一九八一年

原武史・御厨貴「語られていない『宮中祭祀』というぅ鍵」(『中央公論』二〇〇五年四月号)

東久邇稔彦『私の記録』、東方書房、一九四七年

　　　　　『東久邇日記』、徳間書店、一九六八年

日暮吉延「連合国の極東主要戦争犯罪に関する基本政策」(『日本歴史』四九五号)

平川祐弘『平和の海と戦いの海』、新潮社、一九八三年

平野邦雄編『大化の改新と壬申の乱：古代天皇制の成立』(『史話日本の古代』第六巻)、作品社、二〇〇三年

冨士信夫『私の見た東京裁判』上下 (講談社学術文庫)、講談社、一九八八年

藤島泰輔総監修、新野哲也編集『実録・今上天皇』、ゆまに書房、一九八三年

藤田覚『幕末の天皇』(講談社選書メチエ)、講談社、一九九四年

藤田尚徳『侍従長の回想』、講談社、一九六一年

藤原彰「天皇と宮中」(前掲〔争論U東京裁判とは何だったのか』に所収)

保阪正康・御厨貴「昭和天皇が守ろぅとした歴史と宮中」(『中央公論』二〇〇七年七月号)

細川護貞『細川日記』、中央公論社、一九七八年

細谷千博他編『東京裁判を問ぅ』、講談社、一九八四年

堀田啓一『日本古代の陵墓』、吉川弘文館、二〇〇一年

増田弘『公職追放』、東京大学出版会、一九九六年

丸山眞男「超国家主義の論理と心理」(『丸山眞男集』第三巻、岩波書店、

一九九五年に収録)

宮沢俊義『憲法』勁草書房、一九五一年

　　　　　「皇室法」(『新法学全集』第一巻、日本評論社、一九三六年に収録)

宮沢俊義著、芦部信喜補訂『全訂日本国憲法』、日本評論社、一九七八年

村上重良『天皇の祭祀』(岩波新書)、岩波書店、一九七七年

山口修『天皇』、PHP研究所、一九九四年

山田朗『昭和天皇の戦争指導』(「昭和史叢書」二)、昭和出版、一九九〇年

山田朗・纐纈厚『遅すぎた聖断』(「昭和史叢書」三)、昭和出版、一九九一年

吉井巌『天皇の系譜と神話』第一巻－第三巻、墙書房、一九六七－九二年

吉田茂『回想十年』第一巻－第四巻、新潮社、一九五七－五八年

吉田伸弥『天皇への道』、読売新聞社、一九九一年

吉田孝『歴史のなかの天皇』(岩波新書)、岩波書店、二〇〇六年

吉田裕『昭和天皇の終戦史』(岩波新書)、岩波書店、一九九三年

　　　　　『現代歴史学と戦争責任』、青木書店、一九九七年

吉田裕ほか『敗戦前後：昭和天皇と五人の指導者』、青木書店、一九九五年

利光三津夫・笠原英彦『日本の官僚制』、PHP研究所、一九九八年

渡辺治『戦後政治史の中の天皇制』、青木書店、一九九〇年

「小倉庫次侍従日記」(『文藝春秋』二〇〇七年四月号)

『皇室のすべて』、学習研究社、二〇〇五年

首相官邸ホームページ(http://www.kantei.go.jp/)

동북아다이멘션 번역서

상징천황제와 황위 계승

2020년 05월 19일 초판 인쇄
2020년 05월 26일 초판 발행

지 은 이	가사하라 히데히코
옮 긴 이	유지아
발 행 인	한정희
발 행 처	경인문화사
편 집 부	한주연 김지선 박지현 유지혜
마 케 팅	전병관 하재일 유인순
출 판 신 고	제406-1973-000003호
주 소	경기도 파주시 회동길 445-1 경인빌딩 B동 4층
대 표 전 화	031-955-9300 팩 스 031-955-9310
홈 페 이 지	http://www.kyunginp.co.kr
이 메 일	kyungin@kyunginp.co.kr

ISBN 978-89-499-4893-5 93910
값 16,000원

이 저서는 2017년도 정부(교육부)의 재원으로 한국연구재단의 지원을 받아 수행된
연구임(NRF-2017S1A6A3A02079082)